世界名人非常之路

U0701791

# 爱因斯坦

现代物理学的开创者

刘明山◎编著

中国社会出版社

国家一级出版社·全国百佳图书出版单位

# "世界名人非常之路" 编委会

主　　任：刘明山

编　　委：周红英　王汉卿　高立来　李正蕊　刘亚伟　张雪娇
　　　　　方士娟　刘亚超　张鑫蕊　李　勇　唐　容　蒲永平
　　　　　冯化太　李　奎　李广阔　张兰芳　高永立　潘玉峰
　　　　　王晓蕾　李丽红　邢建华　何水明　田成章　李正平
　　　　　刘干才　熊　伟　余海文　张德荣　付思明　杨永金
　　　　　向平才　赵喜臣　张广伟　袁占才　许兴胜　许　杰
　　　　　谢登华　衡孝芬　李建学　贺欣欣　刘玉磊　王莲凤
　　　　　刘振宇　张自粉　苗晋平　卓德兴　徐文平　王翠玉

# 写在前面的话

童年时代的夏夜，我和小伙伴们时常躺在家乡的草坪上，仰望着美丽的星空，偶尔还能看见流星划过，那时的欢呼与过后的惊诧至今仍历历在目。冬天的早晨，我们则常常流连于冰雪覆盖的小路，经常因堆雪人和打屋檐的冰凌锥而忘记了上学。当然，春天和秋天对于孩子们来说，更是大自然赐予最慷慨、最丰厚的时候。无论是春花的烂漫还是秋果的诱人，至今都是我心中最温暖的回忆。

随着年岁的增长，许许多多扑朔迷离的自然现象，构成了一个又一个神秘莫测的奥秘。自然界的事物不再只是心头美丽的驻足，而是慢慢地变成了诸多诱使我去探索的动力。幸好，学校的数、理、化、生物等课程给了我一些答案。但是，课本的知识毕竟十分有限，而阅读课外书籍给了我巨大的帮助。

在成长过程中，随着知识的增加，我的好奇心也越来越强，迫切地想要了解那些发明创造的过程和那些奇思妙想的主人。是谁捡到了那只证明了万有引力的苹果？是谁让漆黑的夜晚亮如白昼？是谁开启了工业时代的大门？又是谁让人类迎来了飞天的奇迹？是他们，站在科技前沿的科学家们，带着诸多疑问，不断地对我们生存的空间进行研究，渴求破译这充满超自然现象的世界。是他们一步步带领着我们进入科技时代。

茫茫宇宙中是否还存在其他智慧生物？如何科学地解释人体与自然的离奇现象？他们用不断探索的精神引领我们认知世界，辨别真伪。我们为他们的创造精神而感动，为他们的科研成果而骄傲，更为他们对人类的贡献表示由衷的感谢！

# 写在前面的话

被逼"退学"的发明大王爱迪生，中国现代数学之父华罗庚，带给人类动力的发明家瓦特，太空探索的先驱者布劳恩，实验科学研究的先驱伽利略，为人类插上翅膀的莱特兄弟，放射性元素之母居里夫人……我们将这些科学家的故事汇集起来，编撰成册，希望能让读者朋友们全面了解他们的一生和那些与他们无法分离的伟大事迹，使大家从中有所收获。

就让我们一同走近这些科学家，了解他们发明创造背后的故事，让他们的成长历程启示我们；让他们的挫折坎坷激励我们；让他们的灵感火花指引我们，让我们站在巨人的肩膀上，走向更高的目标，实现更伟大的理想！

"世界名人非常之路"大型系列丛书之"科学家成长之路"篇，就是这样一套专门拓展中学生科学视野，提高科学素养的图书。让我们沉醉于神奇、瑰丽的大千世界之中，感受科技的强大，伟人的魅力，从而启迪智慧，丰富想象，激发创造，培养青少年热爱科学、献身科学的决心，以及热爱人类、保护环境的爱心。

丛书紧密结合当前中学教材中涉及的历史名人，以及物理、化学、生物、地理、天文、材料、医学、能源、环境、航空航天等多方面的科学知识。在这里，科学家的成功不再神秘，愿科学家的成长之路能够成为你开启成功之门的金钥匙。

年轻的朋友们，让知识为你们的梦想插上科学的翅膀吧！

# 人物简介

## 生卒与经历

　　阿尔伯特·爱因斯坦（Albert Einstein，1879～1955），德裔美国物理学家、思想家及哲学家，犹太人，现代物理学的开创者和奠基人，相对论的提出者，"决定论量子力学诠释"的捍卫者。1999年12月26日，爱因斯坦被美国《时代周刊》评选为"世纪伟人"。

　　1879年3月14日，爱因斯坦出生在德国乌尔姆市。1900年，毕业于苏黎世工业大学，1900年加入瑞士国籍。

　　1905年获苏黎世工业大学哲学博士学位，苏黎世工业大学、布拉格德意志大学教授。

　　1913年返回德国，任柏林威廉皇家物理研究所所长和柏林大学教授，并当选为普鲁士科学院院士。

　　1933年因受纳粹政权迫害，迁居美国，任普林斯顿高级研究所教授，从事理论物理研究，1940年入美国国籍。

　　爱因斯坦在物理学的量子论、宇宙学、相对论三个不同领域取得了历史性成就，特别是他相对论中的狭义相对论尤其具有伟大的科学意义。

## 成就与贡献

　　爱因斯坦的主要成就与贡献是建立了相对论。19世纪末期是物理学的大变革时期，爱因斯坦就是那个构建崭新的物理学大厦的人。

他从实验事实出发，重新考察了物理学的基本概念，在理论上作出了根本性的突破。

1905 年 6 月 30 日，爱因斯坦在论文《论动体的电动力学》中提出了狭义相对论的基本思想和基本内容。1915 年 11 月，他先后发表了四篇论文，证明了水星近日点的运动，并给出了正确的引力场方程。至此，广义相对论的基本问题都解决了，广义相对论诞生了。

1916 年，爱因斯坦完成《广义相对论的基础》，将以前适用于惯性系的相对论称为狭义相对论，将只对于惯性系物理规律同样成立的原理称为狭义相对性原理，并进一步表述了广义相对性原理：物理学的定律必须对于无论哪种方式运动着的参照系都成立。

## ✿ 地位与影响 ✿

狭义相对论和广义相对论的建立已经过去了很长时间，它经受住了实践和历史的考验，是人们普遍承认的真理。相对论对于现代物理学的发展和现代人类思想的发展都有巨大的影响。它从根本上解决了以前物理学只限于研究惯性系的问题，从逻辑上得到了合理安排。相对论严格地考察了时间、空间、物质和运动这些物理学基本概念，给出了科学而系统的时空观和物质观，从而使物理学在逻辑上成为完美的科学体系。

爱因斯坦于 1921 年获得诺贝尔物理学奖。他创立了代表现代科学的相对论，并为核能开发奠定了理论基础，在现代科学技术的深刻影响及广泛应用方面开创了现代科学新纪元。他被公认为自伽利略、牛顿以来最伟大的科学家、思想家。

2009 年 10 月 4 日，诺贝尔基金会评选 1921 年物理学奖得主爱因斯坦为"诺贝尔奖百余年历史上最受尊崇的三位获奖者"之一。

# 目录

# 爱因斯坦

# 爱因斯坦

# 勤奋的少年

真正有价值的东西不是出自雄心壮志或单纯的责任感，
而是出自对人和客观事物的热爱和专心。

—— 爱因斯坦

# 好奇的孩子

阿尔伯特·爱因斯坦1879年3月14日生于德国慕尼黑附近一个著名的小城镇乌尔姆。在那里，爱因斯坦的父亲曾经拥有一家电气工厂。然而不幸的是，在他出生一年后，父亲的工厂就倒闭了。于是，爱因斯坦的父亲不得不带着全家，迁到了慕尼黑。在慕尼黑亲戚的帮助下，他的父亲又重新办起了工厂。

在这座德国南方的第一大城市，爱因斯坦全家度过了苦涩而艰难的14年。

爱因斯坦的祖辈是犹太人，他父母这一代已经在德国定居。他们一家除保留了本民族的一些宗教习惯外，实际上已经成为地地道道的德国人。他们全家把德国作为自己的祖国，把自己视为理所当然的德国人。

爱因斯坦的父亲叫赫尔曼·爱因斯坦，但他并不善于经商。所以，即便是他重新办起了工厂，收入也只能勉强维持家人的生活。

但是，爱因斯坦是一个诚实而厚道的乐天派，他对德意志民族那种追求崇高人格、自由精神的文化传统如痴如醉。

由于父母没钱供爱因斯坦上大学，年轻的爱因斯坦不得不弃学经商。但是，尽管如此，每天晚上，他总是沉醉于诗人席勒、海涅的作品中。

爱因斯坦的母亲叫波琳·科克，她是个贤惠而能干的女人。相对来说，母亲的家境要比父亲的家境优裕得多。她曾经受过良好的教育，她喜爱文学，更热爱音乐。

爱因斯坦父母的感情一直很好，他们志趣相投，爱好高雅，相敬如宾，他们为小爱因斯坦的成长提供了品位极高的文化氛围。

慕尼黑是德国的第三大城市，也是德国巴伐利亚州的首府，它位于德国南部阿尔卑斯山北麓的伊萨尔河畔。慕尼黑历来被认为是欧洲最美的城市之一。

慕尼黑在德语中的意思是"明光"，即"僧侣之乡"的意思。公元750年，这里曾建立了一座隐修院，它标志着这座城市的开端。

15世纪下半叶，僧侣获准在当地运盐商路与河流汇合处建立市场，以后又建起了桥梁要塞。选帝侯马克西米利安统治时期，兴建了许多具有文艺复兴时期特点的建筑，这些建筑风格多样、气势非凡。

爱因斯坦一家居住在慕尼黑郊区的林德林地区，那里空气清新、绿树成荫、鸟语花香。优美的生活环境在爱因斯坦幼小的心灵中播撒了自由自在、不拘一格的种子。

可是，童年时代的爱因斯坦给人感觉似乎是个反应迟钝的孩子，他学会说话要比一般的孩子晚得多。

在爱因斯坦两三岁的时候，他的父母专门为他请了一个粗壮的妇人当保姆。保姆的任务除了要照顾小爱因斯坦的生活起居外，还要帮助他学习说话。在父母看来，都快3岁的孩子还不会说话，这可不是什么好现象。

为了能够早日教会小爱因斯坦说话，保姆可是想尽了种种办法。有时，她会发出各种各样奇怪的声音，一会儿又做出各种鬼脸，她企图用这些动作来刺激爱因斯坦说话或发笑。

可是，这个长着瘦长脸的小男孩连看也不看保姆一眼，更不用说和她说话或者发笑了。

此时，小爱因斯坦正聚精会神地望着窗外随风摇曳的树枝，他的身子还不由自主地随树枝的晃动而晃动着。突然，他自己嘿嘿地笑了起来。保姆听见了笑声，不禁骂道："真是个傻东西。"

爱因斯坦的父母规定，保姆的首要任务是设法引逗这个3岁的小男孩学会说话，其次才是照顾孩子和整理房间。

可是，令保姆非常生气的是，尽管她使出浑身解数，绞尽脑汁，想方设法，都没能使这个愚笨的孩子说出一句话来。

更令她气愤的是，爱因斯坦经常目不转睛地盯着一个地方发呆，而对大人们的引逗却总是视而不见。很显然，保姆对这个男孩已经表现出极其厌烦的情绪，她经常趁主人不在家时，怒骂小爱因斯坦。

保姆喜欢既不哭闹，又聪明伶俐的孩子。可是这个小孩子虽然不哭不闹，但整天像木头疙瘩一样，没有半点灵气，保姆照样是不喜欢他。可是为了维持生活，挣钱补贴家用，她不得不照看这个"令人讨厌的小祖宗"。

这个"令人讨厌的小祖宗"的父母显然也很着急，尽管他们的家庭条件并不是很好，但还是节衣缩食，拿出钱来为他专门请了一个保姆来教他说话。

然而，任凭大人费尽心机，小爱因斯坦就是不肯开口说一句话。保姆已经认定了这是一个又蠢又傻的孩子。就连他的父母有时也不免产生怀疑：这孩子的智力发育是否真的不正常。

爱因斯坦的母亲是个很有教养的妇女。她知识丰富，懂得艺术，又弹得一手很棒的钢琴。她常常想，像他们这样的父母怎么能生出个这么傻的孩子来呢？

带着这个疑问，爱因斯坦的母亲经常会偷偷地观察儿子。有一次她惊喜地发现，当她演奏钢琴时，孩子会一动不动地听着。当她弹奏出美妙的旋律时，儿子的表情顿时充满喜悦，可当弹奏到忧伤的旋律时，儿子的表情又会变得出奇的严肃。

"他懂得音乐，"母亲惊喜地说，"阿尔伯特能听懂音乐！懂音乐的孩子怎么能是傻子呢？"有了这次发现，爱因斯坦的母亲欣喜万分。

爱因斯坦的父亲在繁忙的工作之余也很注意对孩子进行观察和诱导。他经常会带回家一些精致小巧的玩具给阿尔伯特，但这孩子对玩

具总是一副漫不经心的样子。

　　每次得到新玩具，小爱因斯坦连看都不看一眼就把玩具丢在一旁，甚至对一些精美的玩具也从来不感兴趣。这下可愁坏了他的父母。

　　然而，令全家人高兴的是，在爱因斯坦4岁的时候，他终于会说话了。虽然他说话的时候比别的孩子要少得多，但是，只要他想说，说出的句子总是连贯的，意思表达得也比较清楚。当爱因斯坦的父母听到孩子说出了第一句简单的话后，终于长长地出了一口气。他们总算可以断定，儿子不是哑巴了。爱因斯坦从小就喜欢独来独往，他时常故意躲开小伙伴们，独自做自己喜欢的事。即使同亲人在一起时，他也只是一个沉默的听众。

　　他非常喜欢一个人默默地做那些在别人看来显得枯燥的事，比如用薄薄的纸片搭房子。这是一款非常需要耐心的游戏，可是爱因斯坦却对其颇为热衷，总是不厌其烦地搭着纸房子，不成功绝不罢休。

　　爱因斯坦总是少言寡语，极少主动开口和别人交流。可是，他那双明亮的棕色的大眼睛却总是闪烁着聪明、智慧的光辉。他从小就习惯于用这种沉默的独立思维去面对周围的世界。

　　在爱因斯坦四五岁的时候，有一天，父亲拿来一个小罗盘给他玩。他将罗盘拿在手中，朝不同的方向转动，但是不管他怎样转，那根细细的红色磁针一直指着北边。他感到从未有过的惊奇。他想，一定有什么东西深

深地隐藏在这件奇异的事物的后面。

这件事给爱因斯坦幼小的心灵留下了一个极为深刻而持久的印象，同时也唤起了他强烈的探索自然奥秘的好奇心："爸爸，这个圆盘里还藏着什么东西吗？"他禁不住问爸爸。

爸爸用手翻转罗盘，让爱因斯坦前前后后看个清楚，然后说："你自己看见的，这罗盘里除了这根指针，什么也没有。"

"那么是什么东西使它永远都指着同一个方向呢？"

"那是磁力，是地球的磁力使它永远指向北方。"

"磁力？磁力又是什么？它究竟藏在哪里？我既看不见它，也摸不着它。它能使磁针转动，为什么我就感受不到周围有它的存在呢？"

阿尔伯特很诧异地看着令他倍感神奇的小罗盘，他默不作声地想着什么，然后又默默地躺在床上，不再开口说话。

看不见、听不到的神秘力量——它就成为不可抗拒的法则，支配着这个世界呢！这是多么神秘啊！由于这种伟大的力量，我们的世界才能一分一秒都不差地活动着。

阿尔伯特仍然闭着眼睛，一心一意地思考着。他到底在想什么，甚至连他自己也不明白。不过，这的确是他有生以来第一次接触到宇宙的神秘之门。

阿尔伯特就像追忆着甜蜜的梦境一般，从老远老远的地方，幻想着能引动那根小针的力量。

爱因斯坦在他 67 岁时写的一篇《自述》中说：

当我还是一个四五岁的小孩，在父亲给我看一个罗盘的时候，我经历过这种惊奇。罗盘以如此确定的方式行动，根本不符合那些在无意识的概念世界中能找到位置的事物的本性。我现在还记得，至少相信我还记得，这种经验给我一个深刻而持久的印象，我想一定有什么东西深深地隐藏在事情背后。凡是人从小就看到的事情，不会引起这种反应：他对于物体下落，对于风和雨，对于月亮不会从天上掉下来，对于生物和非生物之间的区别，等等，都不会感到惊奇。

但是爱因斯坦天生就有一种"打破砂锅问到底"的劲儿，他从来不会因为某个谜团暂时无法解开就轻易放弃。在那之后的日子里，一连许多天，家人都见他每天拿着这个小小的罗盘，像着了魔似的，一次又一次重复地摆动、翻转、思索、摇头。

"阿尔伯特真是一个古怪的孩子，"从孩子的病房走出来后，赫尔曼对妻子波琳说，"我想，他在病后一定会很无聊的，便带了一个罗盘给他玩儿，哪知他看后却默不作声地想着哩。"

"嘻，嘻，他的老毛病又发作了。不过，我倒放心了。"

"这话怎么说？"

"可不是吗？这个孩子过了周岁还不会说话，好不容易学会了说话，又是那样的沉默寡言。我生怕他会是个白痴呢。"

"哈，哈，他不是白痴。不过，的确有一点古怪。他从来不跟别的孩子去做淘气的事，老是独个儿望着蝴蝶飞翔，或注视着花朵迎风招展。"

"真的啊！可是，也许这就是天才。说不定将来这个孩子会成为世界上最伟大的科学家呢！"

阿尔伯特的母亲万万没有想到，她这句脱口而出的话会成为极其灵验的预言。他父亲听了母亲说的话，张开大嘴，很高兴地笑了起来，说道："哈！哈！阿尔伯特是天才？是大科学家？"

后来，爱因斯坦表面上好像已经放下了这个关于磁力的问题，家人也以为他已经从这个古怪的罗盘问题上摆脱出来，彻底忘记了它。

其实不然，爱因斯坦根本就没有放下这件事，更没有忘记这个关于磁力的问题。甚至可以说，他的整个人生几乎都在思索着它以及与它有关的一切问题。

正是由于小小的罗盘里那根按照一定规律行动的磁针，唤起了这位未来的科学巨匠极大的好奇心，那就是探索事物的本质。

探索事物的本质，这一点对科学而言是至关重要的。尽管爱因斯坦从儿童时代"罗盘经历"中感受到的困惑与日后相对论的研究对象有一定的共同性，但是这种共同性毕竟有着本质上的差异：前者无非是一个孩子对自然现象的惊奇感；而后者则是对宇宙规律的无限探求。

被保姆称作"令人讨厌的小祖宗"的阿尔伯特，虽然在语言方面发展缓慢，但他对音乐的感悟力特别强，在他还不会说话时就已经懂得音乐了。

母亲为了提高儿子的智力，在还没有教他识字之前，就让他学习拉小提琴。令母亲没有想到的是，爱因斯坦学习小提琴时是那样的投入、刻苦。在他上小学前就能演奏复杂的曲子了。爱因斯坦的母亲还发现，儿子对自己感兴趣的东西都观察得特别专心，他要是观看一样东西，常常可以持续一两个小时，在观察事物时嘴里还发出一些别人听不懂的声音。

不久后，这个"令人讨厌的小祖宗"终于到了上学的年龄，他被父母送进了学校，从心底里讨厌他的保姆终于解放了。

父亲指望爱因斯坦上小学后智力发展出现一次大的飞跃；可他的母亲则现实得多，她只希望儿子在智力水平方面能够赶上一般的孩子，以便孩子在学习中不那么吃力，不受人欺负。

然而，阿尔伯特又一次让父母失望了。他的学习成绩很差，在他的各科学习成绩中，没有一项令老师满意。

阿尔伯特在课堂上的表现常常令老师很费解。在历史课上，老师在讲台上讲得津津有味，学生们都听得相当入神，有时还会发出阵阵的笑声。可是，阿尔伯特却跟一切都没发生一样，两眼只顾盯着窗外发呆。

爱因斯坦上语言课时提不起精神来，拉丁文、希腊文的考试也是经常不及格。唯一例外的是，他对简单的逻辑课听得有些入迷，在课堂上还能提出一些让老师都感到伤脑筋的问题。

期末考试过后，爱因斯坦除了逻辑课成绩优异之外，没有一项成绩令人满意。就连他并不反感的数学、物理、生物等课程，也都是勉强及格，而历史、语言、神学等课程大多数情况下是不及格。

阿尔伯特在学习中最讨厌的是那些死记硬背的科目。他不愿意去记那些不用思考、只能牢固记忆的内容。

有一次上历史课，老师在课堂上提问一件历史事件。当老师问到阿尔伯特时，他站起来很有礼貌地回答："对不起，我没有去背。"

"为什么没有背？"老师追问。

阿尔伯特回答说："需要时去查词典就是了。如果连这些不变的知识都需要记忆的话，要词典还有什么用呢？"

这种从来就没有听说过的答案把老师彻底激怒了。他反唇相讥道："什么事情都查词典，要我们的大脑有什么用呢？"

阿尔伯特不急不躁地回答说："我们的大脑是用作思考和创造的，而不是搞机械记忆的。"

老师当即被他气得无言以对，同学们也都向他投来诧异的目光。

在老师眼里，阿尔伯特是个差等学生。他上课不专心，行为怪僻，懒懒散散，经常精神不振。他最喜欢的动作是一个人坐在教室里发呆，有时还说些谁也听不懂的呓语。没有一个老师对他感兴趣。虽然他非常喜欢数学课，数学老师也对他极为反感，经常骂他是不可救药的"懒狗"，因为他很少完成老师布置的作业。

每当考试的时候，也是阿尔伯特倍感困惑的时候。因为当时的考试一般是考知识、考记忆而不是考思维和创造力。阿尔伯特最讨厌、最不愿意做的事是死记硬背。所以，他的考试成绩通常很差。为了应付考试，他不得不借助同学的笔记本记一些东西，这样才能勉强通过考试。每次期末考试结束，他带回家的成绩单都让父母摇头叹息。

但爱因斯坦也有他特别喜欢的课程，比如说手工课。有一次上手工课，他想做一只小木凳。下课铃响了，同学们争先恐后拿出自己的作品，交给那个漂亮而又严厉的女教师。

爱因斯坦因为没有拿出自己的作品，急得满头大汗。女教师望着面前这个小男孩，不知道他能交上一件什么样的作品。

第二天，爱因斯坦交给女教师的是一个制作得很粗糙的小板凳，其中一条凳腿还钉偏了。

女教师显然很不高兴，她十分不满地对全班同学说："你们有谁见过这么糟糕的凳子？"

同学们窃笑着纷纷摇头。老师又看了爱因斯坦一眼，生气地说："我想，世界上不会再有比这更差的凳子了。"

教室里发出一阵阵哄笑。爱因斯坦脸上红红的，他走到老师面前，肯定地对老师说："有，老师，还有比这更差的凳子。"

教室里一下子安静下来，大家都迷惑不解地望着爱因斯坦。他走回自己的座位，从书桌下拿出两个更为粗糙的木板凳，说："这是我第一次和第二次制作的，刚才交给老师的是第三个木板凳。虽然它并不使人满意，可是比起前两个总要强一些。"

这回大家都不笑了，女教师深思着，她向爱因斯坦亲切地点了点头，同学们也向他投去敬佩和赞许的目光。

在这个小故事里，爱因斯坦表现了他对自己的态度，那就是无论做任何事，他都力求做好，完全释放自己的能量，不满足已有的成绩，让自己的潜能得以充分发挥。

# 迷上代数的游戏

小爱因斯坦的确是一个早熟的、聪慧的孩子。当同龄的孩子们还在盲目地认可一切他们可感知的对象时，他却能感受到一种无法看见的力量。而真正促使爱因斯坦对超感官世界发生浓厚兴趣的是数学。

爱因斯坦在上中学二年级时，他的雅客布叔叔说：代数是一门有趣的科学，解代数题就好像一场狩猎活动，就是要捕获猎物，无论它如何深藏不露，猎人也有办法通过各种已知的条件和线索，一步一步将它搜寻出来。

爱因斯坦很快迷上了这门有趣的狩猎游戏。他经常撇开常用的方法，发挥自己的想象力，找到更简便、更新奇的途径，把猎物更快地捕捉到手。

雅客布叔叔还经常拿出一些更奇妙、更难解的题目来试图难倒他。

每逢爱因斯坦经过深思苦想终于把狡猾的猎物寻找出来的时候，他都会感到一种莫大的快乐。

爱因斯坦升入三年级，快要开始学习几何学这门新课了。雅客布叔叔又拿起几何课本对他说：

"比起代数来，几何是一门更高智慧的学问，是一种对人的智力的更大考验。"

雅客布叔叔随手扯过来一张稿纸，在纸上刷刷几笔，画下了一个直角三角形，然后在三角形的三个顶角上标上了 A、B、C 三个字母。他问爱因斯坦："你仔细看看，这个直角三角形的三条边相互之间有什么关系？"

爱因斯坦看了半天，觉得这三条边好像差不多长，看不出它们之间有什么关系。

雅客布叔叔又在那张纸上写下了一个公式，然后他对爱因斯坦说：

"这个公式的意思就是说：直角三角形的两个直角边的平方和，等于斜边的平方。"

爱因斯坦对这个三角形看来看去，觉得对这个公式有些怀疑。这三条边明明差不多长嘛，怎么会有这样的关系呢？他又用手指当尺，在图上量来量去。

雅客布叔叔笑着说："孩子，不用这么去量了。这个公式对所有的直角三角形都适用，无论它们的形状、大小如何变化，这三条边的关系都不会变。这个公式已经经过了严密的证明，是绝对不会错的。这就是几何学上有名的毕达哥拉斯定理，也正是这本教科书里的定理之一。毕达哥拉斯是生活在两千多年前古希腊的一位大数学家，这个定理是他第一个证明出来的。孩子，既然两千多年前的古人都能证明这个定理，你为什么不也试一试呢？"

叔叔的这个建议大大激发了爱因斯坦的好奇心和好胜心，他果真决心要来试一试。

爱因斯坦真的来证明毕达哥拉斯定理了。一连几个星期，他完全沉浸在这个他过去从未接触过的几何学迷宫之中。

最后，他终于看出了：

对直角三角形的三条边的关系起主要作用的是其中的一个锐角。他自己做了一些合理的假设，最终把这个定理证明出来了。

当他把自己的证明拿给雅客布叔叔看时，雅客布叔叔喜出望外，他从来没有想到过，这个 12 岁的孩子会真的把著名的毕达哥拉斯定理独立地证明出来。

几天以后，雅客布叔叔把自己珍藏了多年的《平面几何学》送

给了爱因斯坦。

雅客布叔叔告诉爱因斯坦，这是平面几何学的创始人、古希腊的大数学家欧几里得写的第一本平面几何学书，这是一本人类的智慧之书。

爱因斯坦捧着这本书，跑回他自己的小屋里，如饥似渴地阅读了起来。

读完这本小册子，他的灵魂仿佛经历了一场地震：

欧几里得平面几何学就建立在几条简单得不能再简单、明白得不能再明白的人所共知的"公理"上：

两点之间直线最短。

两条平行线永远不会相交。

从一条直线外的一点，只能引一条垂直线与它相交。

三角形三个内角之和等于180°。

而就从这些简单的公理出发，发展出一个又一个新的推论，推导并证明出一个又一个新的定理。从新的定理再推导出新的定理，一层又一层，就如同一个倒置的金字塔，从一个点出发，发展成一整座宏伟的欧几里得几何学大厦。

书中精彩的定理和推论比比皆是。

这些定理和推论，当然并不是显而易见的，但却可以非常明确地把它们证明出来。对于每一条定理和推论，书中都提供了几种不同的证明过程。无论哪一种，都那么严密、精确，不容人产生丝毫怀疑。

爱因斯坦在《自述》中说：

12岁那年，我又经历了另一种性质完全不同的惊奇：

这是在一个学年刚刚开始的时候，我得到一本关于欧几里得平面几何的小书。这本书里有许多断言，比如说，三角形的三个高交于一点，它们本身虽然并不是那么显而易见的，但是却可以很可靠地加以证明，以致任何怀疑似乎都不可能。

这种明晰性和可靠性，给我留下了一种难以形容的印象，至于说不用证明就得承认的公理，这件事并没有想象中的那样使我不安。如果我能依据一些在我看来是毋庸置疑的命题来加以证明，那么我就完全心满意足了。

我记得，在这本神圣的几何学小书到我手中以前，曾经有位叔叔把毕达哥拉斯定理告诉我。

经过艰巨的努力之后，我根据三角形的相似性成功地"证明了"这条定理；当时我觉得，直角三角形各边的关系，"显然"完全决定于它的一个锐角。

在我看来，只有在类似方式中不是表现得很"显然"的东西，才会需要证明。而且，由于几何学研究的对象，同那些"能被看到和摸到的"感官知觉对象，似乎是同一类型的东西。

这种原始观念的根源，自然是由于不知不觉存在着几何概念同直接经验对象的关系，这种原始观念大概也就是康德所提出的那个著名的关于"先验综合判断可能性问题的根据"。

引领爱因斯坦步入自然科学领域的有两个人，他们就是爱因斯坦的叔叔雅客布·爱因斯坦和来自俄国的大学生塔尔梅。雅客布·爱因斯坦是一名工程师，他和赫尔曼都爱好数学。在工厂里，他负责管技术；在家里，他则是小爱因斯坦在数学方面的启蒙者。

爱因斯坦上学以后，雅客布叔叔就常常给小爱因斯坦出一些数学题让他解答。

1888 年 10 月，爱因斯坦从慕尼黑国民学校进入路易波尔德中学学习，一直读到 15 岁。

上中学后，爱因斯坦的学习积极性有了明显的增强，对多数科目也能够专心听讲了。但他不满足于老师课堂上讲的东西，经常自己到图书馆借书读，书店也是他经常光顾的地方。

他比较喜欢的书是欧几里得几何学以及阿基米德、牛顿、亚里士多德等人的书。年龄稍大一些，他又迷上了斯宾诺莎的著作。

爱因斯坦在中学的学习中已经表现出明显的倾向，即喜欢数学、哲学和物理学，而厌恶神学、宗教等内容。但即使喜欢的科目，他学习成绩也不突出。

他最喜欢钻研哲学和数学问题，可是，这些学科的老师并不喜欢他。

有一次，爱因斯坦向一位数学老师请教一个数学问题。那位老师却不无讽刺地说："让你学数学，恐怕是上帝的一个错误。"言外之意是爱因斯坦根本不是学数学的料。

然而，爱因斯坦并不虚荣。他认为不懂、不会的问题，向别人求教没有什么可耻的，即使是最简单的问题，只要不懂，就应该向懂得的人请教。

正是这种精神，使这个被人称为"不会有什么出息"的人，成长为 20 世纪的科学巨匠。成名之后，爱因斯坦曾自我评价说：

关于特别强的脑力，我是没有的，就是有，也只是中等程度。有许多人的思维能力比我强，但未做出任何惊人的事业。

出于对自然科学知识的渴求，中学时期的爱因斯坦学习数学、物理以及哲学非常投入。

尽管考试成绩常常不尽如人意，但他却阅读了大量自己喜欢的著作。而且在阅读这些著作时，他不是泛泛地翻阅，也不是找一些经典语句以供炫耀，而是认真地吸收其思想精华，在学习中形成自己的认识，有时还产生出一些批判意识。

由于迷恋于自己喜欢的著作，使本来人际交往能力很弱的爱因斯坦更少与他人来往了。他与同学缺少共同的志趣，玩不到一起。那些同学大都醉心于体育比赛、游戏，甚至恶作剧。爱因斯坦对这些都不在行，也毫无兴致。

于是，他就常常一个人躲在不惹人注意的地方，有时专心读书，有时踱步思索，慢慢地成了一个"离群索居"之人。为此，同学们送他一个绰号——"孤独的小老头"。

"孤独的小老头"不在嬉笑打闹中浪费光阴，也不在老师面前争宠，而是默默无闻地读自己的书，想自己喜欢想的事。在整个中学阶段，他未产生过与别人比高低的意识，只是不停地为满足自己的求知欲而读书和思考。

爱因斯坦也有大脑疲劳的时候，更有烦闷之时，每当此时，他就与小提琴为伴。受母亲的影响，他从小就喜欢音乐，小提琴拉得很好，上小学时就能拉出完整的曲子。所以，每当烦闷或疲劳之时，他就拉几支曲子。

这期间，来自俄国的大学生塔尔梅成了爱因斯坦家里的常客。塔尔梅每到星期四就到爱因斯坦家里来吃晚饭，这是慕尼黑犹太人帮助外国来的穷苦犹太学生的一种慈善行动。

塔尔梅虽然是学医的，但他对各种自然科学知识以及哲学均有浓厚的兴趣。

他对小爱因斯坦的超常求知欲及学习能力非常惊叹。一开始，塔尔梅总是和爱因斯坦谈论一些数学上的问题，引起了爱因斯坦对数学的浓厚兴趣。

厌倦学校枯燥的教学方式的爱因斯坦干脆自学起微积分。他所提出的数学问题，经常弄得中学数学老师瞠目结舌，不知如何回答。所以，尽管爱因斯坦的数学成绩永远第一，但老师并不喜欢他。

爱因斯坦超常的数学能力，确实会让一个普通的中学教师感到难堪，产生一种无法言说的心理压力。

不过塔尔梅和那位教师不同，虽然不久后他也不是爱因斯坦数学上的对手了，但他依然热情地为爱因斯坦介绍当时流行的种种自然科学书籍，以及康德的哲学著作，特别是布赫纳的《力和物质》、伯恩斯坦的《自然科学通俗读本》，这些著作给爱因斯坦留下了极深刻的印象。

# 热爱物理的学生

爱因斯坦在不足 16 岁时，有一次乘坐马车，当他看到马车在地面上经过时，忽然产生了一个奇怪的念头：如果有人以光速和光线一齐前进，那么，将看到的光线是不是就是静止在空间中的电磁波呢？

就像我们坐在一辆匀速行驶的汽车上，观察与我们以同样的速度、同样的方向，一块儿前进的另一辆汽车一样，感觉那辆汽车似乎是不动的。

可是，爱因斯坦却凭着推理和想象，认为那是不可能的。火车上的乘客，相对于火车并没有运动，相对于地面却以每秒几十米的速度飞驰而过。火车相对于地面运动，而地球则是相对于太阳运动，这些都是相对运动。但是，如果按照这种说法继续推导下去，太阳相对于银河系中心运动，那银河系又是相对于什么运动呢？根据经典物理学的解释，除去相对运动外，还有绝对运动，即相对于绝对空间的运动。牛顿把它解释为："是和外界任何事物无关，而永远是相同的和不动的。"

既然绝对空间和外界毫无关系，那它又是如何存在和被人所了解的呢？

对于这个问题的提出，爱因斯坦决定从"以太之谜"入手进行深入研究。

"以太"这个词，是古希腊人的创造。他们认为空气中充满着以太这种物质，它是肉眼看不见的，但无处不在。

牛顿借用"以太"一词，把它作为万有引力的传播媒介。但光的"波动说"却认为"以太"是光波的传播媒介，就像空气是声波的媒介一样。

"波动说"还认为，"以太"无所不在，不但充满宇宙空间，而且渗透于气体、水和一切物体之中。它没有一点摩擦阻力，不影响一切物体的运动。

19世纪末，"以太"又被人们说成是电磁场的承担者和电磁波的传播者，还有人干脆把这种看不见、摸不着、说不清、道不明的"以太"，说成是牛顿的绝对空间！

这种说法可靠吗？爱因斯坦开始思索了，他想："难道光只有借助传播媒介才能传播吗？而这种传播媒介又只能是'以太'吗?"

"既然没有任何一样东西能够证明绝对空间和绝对时间的存在，那么，它们就是不存在的。"爱因斯坦自言自语地说着，他陷入了独自一个人的深深思索之中。爱因斯坦通过自己丰富的想象力，走上了开创他终生事业的道路——对相对论的探索，并且奠定了他一生发展的基础。

1894年6月，爱因斯坦一家除了爱因斯坦以外都已迁居到意大利。

赫尔曼·爱因斯坦先生在慕尼黑的工厂举步维艰，一个名叫加罗尼的意大利人建议赫尔曼把工厂搬到意大利去。

爱因斯坦的叔叔雅客布对此完全赞成，并以他的热情带动了赫尔曼。

留在慕尼黑的爱因斯坦暂时住在一位老太太的家里。父亲要求儿子一定要读完高中，并取得毕业文凭。

有了文凭，才能进大学，获得电机工程师的资格。这是父亲为儿子谋划的人生道路。爱因斯坦独自一人在慕尼黑，本来就生性孤僻的他更是意志消沉、心神不定。

美丽的慕尼黑给了爱因斯坦清新宁静的自然风情，给了他美妙动听的音乐，也给了他真挚的宗教情感。但在路易波尔德中学的6年生活，却是他一生中最痛苦的回忆。

在校内，除了数学外，爱因斯坦几乎就没有什么好分数。老师们嫌他"生性孤僻、智力迟钝"，责备他"不守纪律，心不在焉，想入非非"；同学们大都视他为陌生人，从不跟他来往。

1895 年，爱因斯坦已经 16 岁了。根据当时德国的法律，男孩只有在 17 岁以前离开德国才可以不必服兵役。

出于对军国主义的深恶痛绝，加之对军营般的路易波尔德学校的生活早已忍无可忍，爱因斯坦没有同父母商量就决定离开德国，去意大利与父母团聚。

这时候发生了一件意外的事，使他的愿望提前变成了现实。一天，学校的训导主任把爱因斯坦叫到了办公室，十分严肃地对他说："爱因斯坦先生，如果你想离开这所学校的话，将会受到欢迎的。"

爱因斯坦反应过来这话究竟是什么意思时，便问："训导主任先生，您的意思是说，我已经被学校勒令退学了？"

"一点儿不错，据好几位任课老师反映：由于你的存在，破坏了学生对老师的尊敬！你带坏了班级的风气。"

爱因斯坦明白了，心里长长地松了一口气："这样也好！想不到事情这么容易就解决了。"

他心里感到高兴，因为这样一来，在父亲面前也好交代了。不然，他私自退学，父亲肯定不会同意，说不定还会强迫他重新回来完成学业。而现在情况就不同了，是学校方面勒令他退学，父亲也没有办法，最多不过是狠狠地责怪他一番罢了。

然而被学校勒令退学，对 16 岁的爱因斯坦毕竟还是一次很大的伤害，他觉得自己的自尊心受到侮辱，尽管他自己原来就是想离开这里的，可最终他是带着一颗受伤的心离开学校的。

当南下的火车载着爱因斯坦，穿过阿尔卑斯山谷的时候，一股清新自由的空气迎面扑来。

前面就是他日夜向往的意大利，就是他的父母、他的妹妹、他的新家。

父亲整天不停地唠叨："把你哲学上的胡思乱想通通扔掉吧！想办法学一点实实在在的东西，将来当个机电工程师吧！"

最终他不得不接受了家人的忠告，于1895年秋天坐上了开往苏黎世的列车。通过他母亲的关系，爱因斯坦获准参加瑞士著名的联邦工业大学的入学考试。

然而他的成绩实在不够理想，只有数学和物理考得十分出色，引起了学校教授和校长的关注，这给了他一线希望。

校长十分欣赏他非凡的数学能力以及渊博的数学知识，他给爱因斯坦提出了一个善意的忠告：应当先在瑞士的一所中学毕业后，再来投考联邦工业大学。

校长还亲自推荐了阿劳小镇上的州立中学，这所学校无论在教学方法还是在师资的组成上都是当时苏黎世最先进的。

爱因斯坦来到了离苏黎世不远的阿劳小镇，这依山傍水的小镇，美丽如画的景色，却一点儿也引不起他的兴致。

当踏进州立阿劳中学大门时，他的心情很沉闷。他寄宿在温特勒先生的家中。

温特勒先生是州立阿劳中学的教师，他不仅知识渊博，而且擅长教育心理学。他带着爱因斯坦在学校里到处参观散心，并让自己的妻子和7个孩子都与爱因斯坦交上了朋友。

很快，爱因斯坦就在温特勒先生家里找到了温暖，摆脱了抑郁的心情。

爱因斯坦后来在他的《自述》中，很有感慨地回忆起了他在阿劳中学的这一年的时光：

这个学校的自由精神和那些毫不依赖外界权威的老师们

的淳朴热情给我留下了非常难忘的印象。同我在一个处处使人感到受权威指导的路易波尔德中学的六年学习生活相比，我深切地感到：自由行动和自我负责的教育，比起那种依赖训练、外界权威和追求名利的教育来，是多么的优越呀！真正的民主绝不是虚幻的空想，人不是机器，要是周围环境不允许襟怀坦白、畅所欲言的话，人就不会生气勃勃了。

从现在保存下来的一篇爱因斯坦当时在阿劳中学写的《我的未来计划》的短文中，可以充分看出爱因斯坦当时的精神状况是何等的昂扬自信：

幸福的人对自己的现状太满足了，所以往往不太会去想到未来。另一方面，青年人则非常爱构想一些大胆的计划。而严肃认真的青年人自然想要做到使自己寻求的目标概念尽可能明确。

若有幸考取，我就会到苏黎世的瑞士联邦工业大学去读书。我会在那里待上四年，学习数学和物理。我想象自己成了自然科学中这些部门的教师，我选择了自然科学的理论部分。下面就是使我做出此项计划的理由。

最重要的是：我倾向于做抽象的和数学的思考，而缺乏想象力和实际工作的能力。我的愿望也在我心中激发了这样的决心。这是很自然的事，人们总是喜欢去做自己有能力去做的事情。何况，科学事业还有某些独立性，那正是我喜欢的。

阿劳中学规模虽然不算太大，但却拥有完备的实验室和实验设施，学生们可以在物理实验室或化学实验室里独立操作。在学校的动物馆里，学生们还可以使用显微镜和手术刀，完全自由地研究自己感兴趣的题目。

这种学习和实验的方式，完全符合也适应了爱因斯坦进行科学研究和科学思考的习惯，从而又重新激发了他对数学、物理学的探索与思考。

温特勒先生在阿劳中学教德文和历史。他淳朴热情，学识渊博，采集鸟类标本是他的业余爱好。

他常带着学生到山里去远足，采集动植物标本。爱因斯坦与温特勒先生朝夕相处，最后他们成了好朋友。

就是在这样的环境下，爱因斯坦对学校的印象开始有所改变。爱因斯坦有生以来第一次喜欢学校了。这里的老师对学生很亲切，学生可以自由地提问、讨论问题。

爱因斯坦第一次享受到这种民主和自由，他开始热爱自己的生活，一股青春的朝气和活力迸发出来了。

过去路易波尔德中学里那个胆小敏感、沉默寡言的少年，现在变成了一个笑声爽朗、步伐坚定、情绪饱满的年轻人。

在阿劳中学的生活更加坚定了爱因斯坦的一个决心，那决心就是不再做德国人。在慕尼黑的时候他曾向父亲提出过，他要放弃德国国籍。

"爸爸，我想放弃德国国籍。"

乍一听到儿子这么一说，赫尔曼感到十分吃惊。

"为什么？"

"我讨厌德国，那里像座地狱。"

赫尔曼沉默了，孩子想放弃国籍，这简直是不可思议的事情。

可是，爱因斯坦十分坚决，他一再恳求父亲。

赫尔曼和妻子波琳商量说：

"看起来，这孩子，是真的下定决心了，可是，这是件大事。我们一定要好好想想，不能轻率。"

还是妈妈了解自己的儿子，她说：

"阿尔伯特是个有主见的孩子，他这么做，一定有他自己的打算，我看，我们还是尊重他的选择吧。"

赫尔曼后来也不再反对了，于是，他为儿子向当局写了一份申请。

没多久，当局便给爱因斯坦寄来了一份文件，正式声明，爱因斯坦不再是德国的公民了。

可是，放弃了德国的国籍，总要再加入到另一个国家的国籍中去呀，在瑞士，有爱因斯坦要去读书的学校，爱因斯坦决定要加入瑞士国籍。

瑞士法律规定，要想加入瑞士国籍，必须年满 24 岁，爱因斯坦无法立即加入瑞士国籍，于是，他成了一个没有国籍的人。

# 在大学建立志向和兴趣

爱因斯坦在阿劳中学补习了整整一年。他在那儿学会了思想实验，这对他来说是非常重要的，因为他的两个相对论的基本原理，即光速不变与等效原理，都是建立在思想实验基础之上的。

爱因斯坦在回忆自己要考大学的那段生活时曾说：

热衷于深入理解，但很少去背诵，加之记忆力又不强，所以我觉得上大学学习绝对不是一件轻松的事。

以后，即使到了大学读书，我仍然坚持"深入理解"的学习方法，而决不去搞那些不必要的死记硬背。

1896 年 10 月 29 日，爱因斯坦作为一个无国籍的中学生，顺利地考入了联邦工业大学。

联邦工业大学位于瑞士的苏黎世。苏黎世是一座建筑在利马托河两岸的美丽城市，新市区里都是形形色色的现代建筑物，但一走进建筑在起伏如波浪的山丘上的住宅区时，就可以看到在狭窄的道路两旁，爬满藤蔓的古色古香的高大楼房。在市区的东南是著名的苏黎世湖，在微波荡漾的湖面上，扬着白帆的小船疾驶而过，雪白的水鸟，在空中盘旋着，自由自在地飞翔。联邦工业大学就坐落在这里。

"我终于找到归宿了！"望着这么优美的景色，呼吸着这里来自大自然的清新气息，年轻的爱因斯坦满怀着希望，走进了校门。

爱因斯坦本来是要遵从父母的意愿选修电机工程学的，后来他觉得这并不符合自己的兴趣爱好，所以就改读了自己热爱的物理学。这样，毕业后他就可以取得教师的资格了。

在物理学系，有一位著名的韦伯教授。韦伯是这里的数学和物理学系的创办人，曾经在德国担任过许多著名学者的助手，他对热传导及其他方面，有着自己独到的研究。

在数学方面，这所学校里有胡威克、闵可夫斯基等当时比较著名的教授。闵可夫斯基是俄国人，当时他还只是一个青年学者，但已因其独创性的见解在数学界崭露头角了。

爱因斯坦在联邦工业大学的学习，可以说是非常刻苦的。与别的勤奋学生不同的是，他的学习更具独立性和方向性。

在大学的第一年，爱因斯坦就为自己开列了一张阅读书目，其中主要是世界著名的物理学家和哲学家们的著作。

他还精心为自己制订了每个年度、每个学期、每个月的阅读计划进度表。

不过有一点，爱因斯坦对学校开设的正常课程不够重视。凡是他认为已经掌握了的知识课，他常常不去听。而且对老师的指导，他也并不是每次都一丝不苟地去做，而是常常别出心裁，使得这些老师对他非常不满。

有一次，他设计了一个实验仪器，兴冲冲地把设计图纸拿给韦伯教授看，嘴里还叫着："韦伯先生。"

韦伯教授接过图纸，一面看着一面想："这个爱因斯坦，真是有点特殊。人人都叫我韦伯教授，可他非叫我韦伯先生不可。"

过了一会儿，教授抬起头，打量着爱因斯坦不修边幅的外表，脸上露出嘲笑的神情，说：

"爱因斯坦先生，你是个很聪明的小伙子，甚至可以说绝顶聪明。你很能干，非常能干。不过你有一个大毛病：别人叫你干的事，你一件也不肯干。"

说完，转身而去。

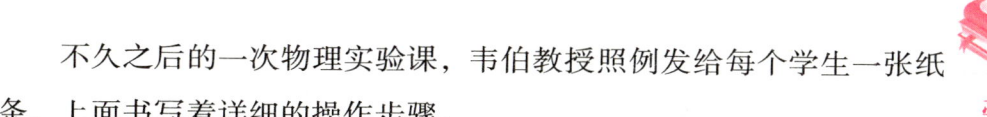

不久之后的一次物理实验课，韦伯教授照例发给每个学生一张纸条，上面书写着详细的操作步骤。

这个实验，爱因斯坦自己在实验室里早就做过很多次了。他照例又把教授发的纸条捏成一团，丢到了一边的纸篓里。

没想到，这一次爱因斯坦竟然捅了大娄子。

随着"轰"的一声巨响，爱因斯坦的右手，被炸破的玻璃割了一个大口子，鲜血直流。

同学们听到爆炸声，惊叫着，立刻围了上来。他们七手八脚，把实验台上的碎玻璃清理掉，同时又找来药品为爱因斯坦包扎伤口。

韦伯教授弄清了爆炸的原因后，从废纸篓里捡起了他亲手发给爱因斯坦的那张纸条，然后愤愤地离开了实验室。

系里给了爱因斯坦严重警告的处分。

总不上课，怎么应付考试呢？爱因斯坦依靠的是一个叫作马尔塞罗·格罗斯曼的好友，两个人常出现这样的对话：

"喂，爱因斯坦，你至少也应该参加闵可夫斯基教授主持的讨论会呀，那对我们很有益处。"

"嗯，算了吧。我正忙着呢。"

"你在中学的时候，不是被老师认为是数学的天才吗？你不发挥你的天资，未免太可惜了。"

"不，现在只有物理学才能引起我的兴趣。物理学以外的，都装不进脑子里了。"

"不，你想错了，要开拓未来的物理学，最需要的就是数学呀。离开数学的物理学，我真无法想象。"

"关于这点，我同意你的看法。不过，作为物理学基础所需要的数学，我自信已够了，不过，马尔塞罗，我有点事请你帮忙。"

"什么事？"

"是有关于海姆教授的地质学，请你把那本笔记簿借我看一下吧。

考期快到了。"

"什么？你连那么有名的课也没有去听？即使爱睡懒觉的人，早晨的课，大家总是想办法去听的呢！"

"嗯，讲得的确好，那是这所大学的光荣。不过，还是不能和我所喜爱的物理学相比呀。"

"你怎么会有这种看法呢？当然，笔记簿是会借给你的。"

"谢谢，你的笔记簿整理得真好。与其花时间去听课，不如看你的笔记簿明了。"

"得了，又是这一套。"

当时的学校教育，纪律要求是十分严格的，而那时学校里盛行的又都是一些死记硬背的读书方法。爱因斯坦对此十分反感，甚至厌恶，他喜欢"自由行动和自我负责的教育"，学习中喜欢采用理解的方法。

给爱因斯坦讲过课的老师，影响大的是韦伯和闵可夫斯基。韦伯应该说是爱因斯坦的恩师，但他根本不讲新东西，特别是40年前就确立了的电磁学理论，这令爱因斯坦失望极了。

韦伯的讲课记录不知是否还在，但他讲过的一句话至今还在流传："爱因斯坦呀，你很聪明，聪明极了，可你有一个大问题：根本听不进人家的话。"我们今天还有很多老师用它来教训和爱因斯坦一样不听话的同学。

闵可夫斯基当然是对爱因斯坦影响最大的老师。爱因斯坦很欣赏闵可夫斯基老师那种将数学与物理学联系起来的方式，但他却不太用心。所以闵可夫斯基老师说他是只"懒坯"。后来到哥廷根大学，闵可夫斯基老师还念念不忘，"爱因斯坦在苏黎世跟我学过数学"，还说相对论的数学形式太拙劣了。

爱因斯坦从来都不喜欢上课，他只喜欢独自阅读课程以外的东西。他读过有关热力学、电磁学和统计力学的图书。他的许多知识都是从这些课外读物中学会的。

爱因斯坦还读过大数学家庞卡莱的书，在一篇文章里，庞卡莱轻描淡写地说："绝对空间、绝对时间，乃至欧几里得几何，都不会是我们强加给力学的条件。"

后来看这句话，意义当然不同了，它令我们想起了相对论。其实，有人说过，洛伦兹和庞卡莱几乎已经发现了狭义相对论，即使没有爱因斯坦，狭义相对论也是早晚会出现的。不过，广义相对论呢？假如没有爱因斯坦，真不知道谁会想到它。

爱因斯坦从联邦工业大学毕业的成绩是平均 4.9 分。爱因斯坦后来常说联邦工业大学的好话，但也指出他不喜欢植根于考试制度的课程。50 年后，他在《自述》里说：

> 考试的高压令人喘不过气来，考完试以后，我在整整一年里，都觉得任何科学问题的思考都索然无味。

从 1896 年 10 月至 1900 年 8 月，爱因斯坦在联邦工业大学度过了四年大学生活。

1898 年，爱因斯坦在联邦工业大学读书时，在写给他妹妹的一封信中曾说：

> 唯一使我坚持下来，唯一使我免于绝望的，就是我自始至终一直在自己力所能及的范围内竭尽全力，从没有荒废任何时间。
>
> 日复一日，年复一年，除了读书之乐外，爱因斯坦从不允许自己把一分一秒浪费在娱乐消遣上。

由此可见，爱因斯坦在联邦工业大学读书期间，对自己的要求是非常严格的，他几乎把所有的时间都用在了读书和钻研上。他从来不去追求什么娱乐消遣活动。

在大学里，爱因斯坦选修了数学、物理以及哲学、历史、经济和文学方面的一些专门课程，但他却很少去听物理和数学的主要讲课。

杰出的电工学家韦伯所讲授的物理课的内容他早已熟悉，他宁可自己直接去攻读物理学大师麦克斯韦、基尔霍夫、波尔茨曼和赫兹的著作。

数学虽是由胡尔维茨、闵可夫斯基这样一些杰出的研究者讲授的，但同样未能引起爱因斯坦的兴趣。其原因是爱因斯坦已逐渐改变了对数学的看法。

爱因斯坦觉得数学的分支太多、太细，每一个分支都能吮吸掉一个人的全部时间和精力。他担心自己永远也不会有眼光去判定哪一个分支是最基础的。

那时爱因斯坦时常感觉到自己处于布里丹驴子的境地：因为无法决定吃面前的哪一捆干草而饿死。

而闵可夫斯基，这位未来的相对论数学工具的创立者，在自己的课堂上并没有看出相对论的未来创造者的才能。在相对论出现的时候，闵可夫斯基才发现，这个相对论的创立者，竟是那位经常无故旷课的学生。

有趣的是，正是这位教授，后来为爱因斯坦的相对论从数学上作了精密的推理和论证。

然而物理学与其他学科不同，尽管物理学也是分为若干领域的，其中每一个领域也都能吞噬掉一个人短暂的一生。可是在这个领域里，爱因斯坦认为自己很快就能学会识别出那种能导致深邃知识的东西，而把许多充塞脑袋，并使头脑偏离主要目标的东西撇开不管。

在物理学中，特别是在理论物理学中，是很容易找到本质的东西的。你只要钻进去，再钻进去，自然的奥秘就会呈现在你的眼前。这才是让人最为激动的事情。

学生时代的爱因斯坦还不清楚，在物理学中，通向更深入的基本知识的道路是同最精密的数学方法紧密联系在一起的。

但爱因斯坦也很快发现，在大学里想要做一名优秀的学生，必须要集中精力学好所有的课程，必须要遵守秩序、循规蹈矩、有条有理地记好笔记，并且能自觉地做好作业。

爱因斯坦感觉到，这些特性正是他最为欠缺的。他不愿意为此多花更多的精力，他要把全部时间都集中用到学习那些适合于自己的求知欲和感兴趣的东西上。

爱因斯坦决定根据自己的情况来调整自己，更合理地安排自己的学习生活。他在《自传片段》中是这样写的：

> 于是我逐渐学会抱着某种负疚的心情自由自在地生活，安排自己去学习那些适合于我的求知欲和有兴趣的东西。我是以极大的兴趣去听某些课的。但是我也"刷掉了"很多不适于我的东西。而以极大的热忱在家里向理论物理学的大师们学习。这样做是好的，并且显著地减轻了我的负疚心情，从而使我心境平和，没有受到剧烈扰乱。这种广泛自学不过是原有习惯的继续。

事实就是如此，爱因斯坦很善于经营自己的人生。

他能够根据自身的特点、志向和兴趣，不求面面俱到全面发展，而毅然地舍弃和"刷掉了"许多不适合自己的东西。

他把毕生的精力和热忱全部集中在物理学的学习上。结果证明，他在物理学方面果然取得了令他荣耀一生的重大成就。

因此，他除了数学和物理学之外，其他功课的成绩总是很一般。好在按照当时瑞士的教育制度，大学里只有两次考试。

在苏黎世上大学的时候，爱因斯坦的生活是十分困窘的。

赫尔曼的工厂经营得一直不是很好，甚至状况一天不如一天。所以，他也不能给爱因斯坦提供更多的生活资金了。幸好爱因斯坦有一个好亲戚，每个月都给他拿来一些钱资助他，这样，爱因斯坦才得以维持生活。

爱因斯坦住在离学校不远的一所租来的小房子里，房间光线昏暗，异常狭小，而且设备相当简陋，几乎没有什么家具，但是他已经相当满足了。

爱因斯坦就是在这间小屋子里，不知疲倦地攻读了大量的物理学和数学著作。

在这暂时属于他自己的独立空间里，爱因斯坦思考了许多问题。有时候，他在屋里一坐就是一整天，竟然连吃饭都忘记了。

爱因斯坦对瑞士的教学方法以及国内的学习气氛都很喜欢，于是，他就写信让妹妹玛雅到他以前读过中学的那个小镇上去读女师班。玛雅听了哥哥的建议，果真就去读女师班了。

玛雅上学的地方离苏黎世理工大学并不远，所以，一有空闲的时候，她就经常到苏黎世去看望哥哥。

有一次，玛雅来到苏黎世，爱因斯坦正在家里等她。

"哥哥。你这里的生活太苦了，什么东西都没有。"

玛雅在屋子里环视了一周，感叹地说。

爱因斯坦也笑着说：

"是啊！可又有什么办法哪？"

玛雅说：

"你对现在的生活很不满意吧？"

爱因斯坦连忙摇头说：

"不，不！现在能有这样一个环境让我研究，我已经很幸运了，又怎么会感到不满意呢？"

妹妹笑了起来，她被哥哥这种乐观精神感动了。

"哥哥，今天我来请你吃饭吧，吃瑞士馅饼，怎么样?"

爱因斯坦高兴地点头说:

"那当然求之不得了，不过，我还要带上一个人。"玛雅不解地问:

"谁呀，哥哥平时可是不和什么人交往的呀。"

爱因斯坦稍有难色地说:

"是个女同学。"

玛雅更高兴了，连忙问:

"到底是谁呀?"

"她叫米列娃·马里奇。"

米列娃·马里奇是匈牙利人，她也是一个外表严肃、沉默寡言的女大学生，她是爱因斯坦的同班同学。

一开始，爱因斯坦和她的接触，是因为都喜欢读一些物理学大师们的著作，两人经常在一块交流读书的心得体会。而且，米列娃对物理学也有着自己独到的看法。

爱因斯坦常常赞扬她说:

"她对物理学的问题有切实的体会。"

可是两人的交谈很快地变成爱因斯坦的独自演讲，而米列娃便成了一个专心致志的甚至是唯一的听众。

重要的是，两个人都觉得这样不但没有什么不便，反倒是都满足了各自的需要:一个把自己的思想，用表述给他人的方式，增强思想的逻辑性和系统性，检验和修正不当之处;而另一个，则把听爱因斯坦的"科学独白"，作为增长知识、开阔视野的绝好机会。

当然，爱因斯坦也有洗耳恭听的时候。

几乎每一次，米列娃在爱因斯坦从科学独白中清醒过来以后，都要耐心地告诉他:你的鞋子没系带，或是你该理发、刮胡子了，等等。

随着志同道合的交往和更为深入的交流，久而久之，米列娃成为爱因斯坦处理生活琐事的"良师益友"，两人几乎谁也离不开谁了。他们商定，一等到爱因斯坦有了稳定的收入，两人便举行婚礼。

爱因斯坦还有位最要好的同学马尔塞罗·格罗斯曼，他正好具备爱因斯坦所欠缺的那些品质，并且慷慨地同这位桀骜不驯的同伴分享他那细微而条理分明的笔记。

就这样，他们经常谈论学习和交流学习心得，后来这位同学成为著名的大学教授和数学家，最后又帮助爱因斯坦建立了广义相对论。所以，爱因斯坦这时能够坦然地按照自己的路子走下去，并且从格罗斯曼的笔记里适当地往脑子里填塞一些东西，从而使他顺利地通过了考试。

# 爱钻研的小公务员

1900 年秋，爱因斯坦顺利通过了毕业考试，拿到了文凭。

爱因斯坦的毕业成绩如下：理论物理 5 分，物理实验 5 分，函数论 5.5 分，天文学 5 分，毕业论文 4.5 分，平均 4.91 分。

虽然分数已经相当不错了，而且还有优秀研究者的名声，但是爱因斯坦却没有被留在工大，他的朋友们却被留下了。

从此以后，爱因斯坦开始了漫长的求职之路。

为了寻求一份固定的工作，爱因斯坦不得不考虑加入瑞士国籍，这样做是为了取得在瑞士居住的合法身份。

1901 年 2 月，爱因斯坦最终花掉了自己的全部积蓄，回答了有关祖辈们的健康和性格问题，并向当局保证不酗酒之后，才获得了瑞士国籍。

可是，像爱因斯坦这样的人，在瑞士人眼中，只是在表面上承认他入了瑞士国籍，在实际上他与真正的瑞士人的待遇是不同的。

在这并不陌生的异乡城市里，现实对爱因斯坦来说却显得那么的无情。他虽然是以优秀的成绩毕业的，但是，在这座势利眼的城市里，他却一直都没找到工作。

就在他疲于找工作时，家里又有事了，妹妹来信说父亲病了。

爱因斯坦立即决定回到米兰去，家里的情形的确是很困难。

回到米兰的家中，父母见到爱因斯坦回来，都十分高兴，爸爸的病好像也轻了许多。母亲波琳激动地说：

"阿尔伯特，我就知道你一定会顺利毕业的。"

爸爸也说："阿尔伯特，就在米兰找个工作吧。"

爱因斯坦同意了爸爸的建议。可是，尽管花了许多精力，他在米兰也没能找到一个合适的工作。

然而，就在这时，瑞士方面通知，因为他已经加入了瑞士国籍，让他回去应征入伍。

爱因斯坦最讨厌军队了，但是他没有办法，就只好回去参加体检。

幸运的是，这个公民没有被征召入伍、参加瑞士的联邦军队，因为军队发现，他是平足脚，并且还有静脉曲张，不适合当兵。

经过三个月时间的奔波努力，爱因斯坦终于在5月份得到了一份工作，到温特图尔城的职业技术学校当几个月的教师。为此他还特地给苏黎世的一位教授去信说：

　　我接到了一个建议：从5月15日至7月15日，去温特图尔职业技术学校工作，负责教数学，因为常任教员要去服兵役。我今天得到了通知书后简直喜出望外。我不清楚哪位仁慈的人推荐我到那里：因为我原先的教授中没有一个曾认为我是好样的，同时我并没有申请就得到了这个职位。我还有希望以后得到瑞士联邦专利局的固定工作。

　　应当补充一句：我是一只快活的小鸟，决不会沉湎于郁郁不乐之中，如果我没有肠胃失调或其他类似病痛的话。最近我将沿施普留根徒步而行，以便把接受令人高兴的职务和娱乐结合起来。

爱因斯坦登上了讲台，他又兴奋又激动。因为这是职业技校，所以学生的年纪大都和爱因斯坦差不多。

爱因斯坦一进教室，就吓了一跳，学生的个头有的比自己还高，这些学生也根本没把这个小老师放在眼里。

爱因斯坦走到讲桌后面，大声说：

"同学们，早上好！"

可是，下面却一片静寂，没有一个人回应他。

接下来，他就走到黑板下面，镇静了一下情绪，开始了他的第一节课。

刚开始，下面还有些声音，渐渐地，随着爱因斯坦画上简单的图形，再画些复杂的图形，精细而清楚地讲解，学生们都渐渐地安静下来，开始侧耳倾听起来了。爱因斯坦终于圆满地完成了自己的第一节课。

接下来，工厂的学生们有了一个期待，总是盼望着上这位代课教师的课，他以自己的知识征服了学生。

可是，6个月之后，爱因斯坦不得不离开这里了，因为来了一位正式的教授接替了他的课。

他离开小镇的时候，同学们都依依不舍地来送他。爱因斯坦的第一份工作就这样结束了。

不过，爱因斯坦很快就找到了下一个短暂的栖身之处，是夏富豪森，莱茵河畔的一座小镇，这里以吸引过许多旅游者的瀑布而闻名。

爱因斯坦在联邦工业大学学习时结识的哈比希特的家就住在这里。经过哈比希特的推荐，爱因斯坦进入一所私立的寄宿制中学，找到了一个补习教师的职位。

他的职责是把学生们教好，以便应付毕业考试。

但是他和雇用他的老板雅科巴·纽易莎对教学的观点和目的不一致。这个补习老师所表现出来的判断的独立性和自主性使得纽易莎非常不满，于是他很快就被解雇了。

想想自己已经成年，而年迈的父亲却还在为他的生计而奔波劳累，爱因斯坦几乎绝望了！

有一次，爱因斯坦在一册杂志上看到一则介绍德国伟大化学家奥斯特瓦尔德的文章，文章中把奥斯特瓦尔德称作"科学伯乐"，因为他曾无数次发现并培养了许多科学人才。

爱因斯坦想到了向奥斯特瓦尔德自荐，于是他写了一封信给奥斯特瓦尔德，希望能在奥斯特瓦尔德身边谋得一份工作。

但是，信寄出去后，过了好久，爱因斯坦都没有收到奥斯特瓦尔德的回音。

爱因斯坦怀疑信件在途中被邮局弄丢了，所以，他在几天后给奥斯特瓦尔德寄了第二封自荐信，但与上封信一样也是石沉大海，毫无音信！

"这究竟是怎么了？难道是地址有误吗？"爱因斯坦困惑极了，他再次详细地对照了奥斯特瓦尔德的实验室地址，发现自己并没有写错，"就算是地址有误，邮局也会把信件退回来，这究竟是怎么了？"

爱因斯坦心想可能是奥斯特瓦尔德忙于工作，一时没空拆信而搁在哪个角落里忘记了吧！于是爱因斯坦给奥斯特瓦尔德写了第三封信，这次他用了一张明信片，他心想，这样奥斯特瓦尔德总应该可以顺利看见这封信的内容了！

让爱因斯坦意想不到的是，这封明信片寄出去一个月后，依旧没有收到奥斯特瓦尔德的回信。

"奥斯特瓦尔德一定是太忙碌了！我必须为他节约更多的回信时间！"爱因斯坦心想。几天后，爱因斯坦拿起笔写了第四封信！这次，他不仅是采用明信片，还在明信片的反面，捎带上一个写着爱因斯坦自己地址的回信信封！

爱因斯坦的父亲看见儿子这般情形，心里非常难受。他心疼地对

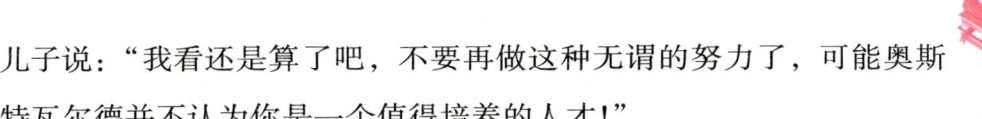

儿子说："我看还是算了吧，不要再做这种无谓的努力了，可能奥斯特瓦尔德并不认为你是一个值得培养的人才！"

"不，父亲！我的努力不一定会给我带来满意的结果，但如果不努力，却代表着绝对不会拥有满意的结果！"爱因斯坦坚持着说。

这封连回信用的信封都捎上的第四封信寄出去以后，爱因斯坦又满怀信心地足足等了一个多月。但是结果还是令他很遗憾，他同样没有收到任何回信，更不用说奥斯特瓦尔德能为他送上什么鼓励和帮助了！

就这样过了大半年的时间，爱因斯坦决定再继续写第五封求职信。

那是一天清晨，在爱因斯坦没有任何心理准备的情况下，邮递员突然敲开了他的家门。

爱因斯坦收到了一封来自瑞士伯尔尼专利局的来信，专利局邀请爱因斯坦就职于一个专门审查各种新发明的技术职位，并且希望爱因斯坦能够接受这一职位。

奥斯特瓦尔德与瑞士伯尔尼专利局并无任何瓜葛，爱因斯坦给奥斯特瓦尔德写信，却为什么收到了瑞士伯尔尼专利局的邀请信呢？爱因斯坦为此感到困惑不已！

原来，在爱因斯坦寄出第一封信的前几天，奥斯特瓦尔德就已经搬移了实验室，而爱因斯坦寄去的所有信件，都被邮递员塞进了实验室外那只已成摆设的邮箱里！

奥斯特瓦尔德在这个实验室工作时，曾经有一位年轻的助手，他在奥斯特瓦尔德搬移实验室之后就去了瑞士伯尔尼专利局工作。

有一次，那位年轻助手在途经实验室门口时，无意识地在那座空房子门口来回走了走，正是因为如此，爱因斯坦的所有信件才得以被人发现！事有凑巧，更加让人难以置信的是，奥斯特瓦尔德的那位年轻助手，就是爱因斯坦的大学同学和朋友，即格罗斯曼！

对于爱因斯坦的才华，格罗斯曼是绝对了解的。格罗斯曼凭着这些信件，向自己所在的专利局极力地推荐爱因斯坦。

恰在那时，专利局刚刚设立了一个专门审查各种新发明的技术职位，而又苦于没有合适的人选胜任这一要职。于是，在格罗斯曼的推荐下，专利局就委派他把爱因斯坦找来。

这一天，格罗斯曼终于找到了异常落魄的爱因斯坦，他关切地问："爱因斯坦，你的工作找到了没有？"

"没有。到处都碰钉子，我已经感到心灰意懒了。"

"如果工作地点在伯尔尼，你也愿意去吗？"

"不管什么地方都可以，乡下也不要紧。"

"那么，我有一个好主意。伯尔尼专利局有一个职位，不知你是否愿意屈就？"

"谢谢，那就拜托你了。说实话，我已经山穷水尽了。"

于是，爱因斯坦收拾行李，前往瑞士的首都伯尔尼。

一路上，爱因斯坦的心里很是不安。因为在这以前，他有过几十次痛苦的经历。

一切担忧都是多余的，专利局局长一开始便说明专利局的工作：

"还有一件事，他们所提出的申请书里面，有很多是不合法律程序的。发明家虽然有发明的才能，但很多人都不能好好地将它做成图案或书面的说明。在这种情形下，我们就应替发明家服务，将它修改成法律上有效的文件，以便保护发明的权利。

"我们的工作内容，大概是如此，你愿意干吗？"

爱因斯坦觉得这些工作并不怎么难，就用谦虚的态度回答道："我想我会的。"

然后，局长又问了一些爱因斯坦的学历、经历。知道了他是专攻

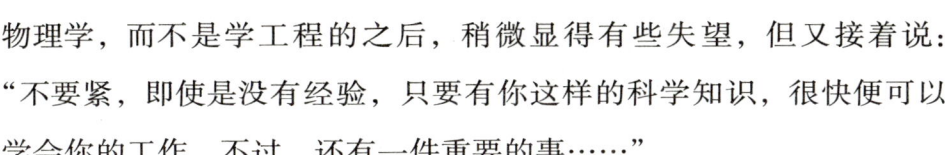

物理学，而不是学工程的之后，稍微显得有些失望，但又接着说："不要紧，即使是没有经验，只要有你这样的科学知识，很快便可以学会你的工作。不过，还有一件重要的事……"

爱因斯坦愣了一下，以为又有麻烦了。

"你有瑞士的国籍吧？因为这里是瑞士的政府机关。"

"是的，我有瑞士的国籍。"爱因斯坦答道。当他在求学的时候，省吃俭用而获得的瑞士国籍，终于派上了用场。

"好吧，你被录用了。"局长说。

爱因斯坦终于找到了一份固定的工作。他已不需要在苏黎世的街道上，像野狗那样地徘徊了。薪水虽然不多，但对他这种生活需求不高的人，已经足够了。

于是，爱因斯坦搬到伯尔尼，专利局的新职位正如局长所说，他很快就学会了工作。别人要花一天时间才能完成的工作，他不到三个钟头便做好了。他把剩下的时间，用来研究物理学。

爱因斯坦在之后的一生中，只要提起此事就不忘对格罗斯曼表示感谢，但同时他也会顺便说一句：

> 努力从来不会白费，只要坚持，哪怕无法在这个枝头开花，但却能够在另一处叶下结出果实！

爱因斯坦在《自述》中说：

> 马尔塞罗·格罗斯曼作为我的朋友给我最大的帮助是这样一件事：在我毕业后一年左右，他把我介绍给瑞士专利局局长弗里德里希·哈勒。经过一次详尽的口试之后，哈勒先生把我安置在那里了。这样，在我最富于创造性的1902～

1909 年这几年中，我就不用为生计而操心了。

即使完全不提这一点，明确规定技术专利权的工作，对我来说也是一种真正的幸福。它迫使你进行多方面的思考，对物理的思索也有重大的激励作用。

总之，对我这样的人，一种实际工作的职业就是一种极大的幸福。因为学院生活会把一个年轻人置于这样一种被动的地位：不得不去写大量科学论文，结果是趋于浅薄，这只有那些具有坚强意志的人才能顶得住。我感谢马尔塞罗·格罗斯曼帮我找到这么幸运的职位。

爱因斯坦在伯尔尼专利局工作后不久，就被任命为三级专家，也就是技术审查员，年薪 3500 法郎。

爱因斯坦终于可以在工作之余，专心致志地研究他心爱的物理学了，他很满意，也很知足。很快他就赢得了大家的喜爱，一个同事问他："怎样才能做一个好公务员？"

他微笑着看了这位同事一眼，慢吞吞地说：

这里有一个公式：$A = X + Y + Z$，在这个公式中，$A$ 是成功，$X$ 是干活，$Y$ 是游戏，$Z$ 是沉默。

这位谈吐幽默、语调诙谐的三级专家，整天坐在位于专利局四楼的 86 号办公室里，细心地审查着一份份专利申请。他必须像局长严格要求的那样，对每一项专利申请都能提出一针见血的意见，并且要写出精确的鉴定书。

爱因斯坦总是带着怀疑的眼光，审视着这些来自四面八方的五花八门的新发明。他能凭着自己敏锐的直觉，很快从复杂的图纸中抓到本质的东西。

爱因斯坦总是把自己认为是错误的、荒唐的、异想天开的所谓的新发明，毫不犹豫地往办公桌边上一推，便不再看一眼。

然后，他再把有价值的和新颖有趣的新发明、新创造，认真地从头到尾审查一遍。他分门别类地给每一项发明写出鉴定书，并归档。

每当工作做完，爱因斯坦就会拿出事先准备好的小纸片来，搞令他痴迷的物理学研究。

原来，这就是他那个公式中的游戏 Y！一行行的数字，一个个的公式，爱因斯坦很快就写满了一张纸，一张张写满的纸，又很快堆放成厚厚的一叠。

爱因斯坦眼睛盯在纸上，耳朵听着门外，一旦听到有脚步声走来，他就赶紧把纸片放到抽屉里去。因为局长规定，上班时间不准做私事。

八小时之后，爱因斯坦回到家里，又继续他那发现自然规律的工作，至于这项工作什么时候结束，那就谁也不知道了。

上班时时间毕竟是有限制的，下班以后，他就常常沉浸在物理推论中忘了回家。

爱因斯坦就是这样，边工作边乐此不疲地研究着。可是，为了能早点儿和米列娃结婚，他还想多挣点钱。

有了这个想法不久，爱因斯坦就在伯恩的报纸上刊登了一则小广告，他想要通过教授数学和物理学，做家教多挣点钱。

这则广告的效果还真不错，刊登第二天就有人主动找上门来了。

"请问，这里是阿尔伯特·爱因斯坦的家吗？"

爱因斯坦听到敲门声，急忙去开门，只见一个比自己小不了多少的大学生模样的小伙子站在门外。

"请进，我就是爱因斯坦。"

"我是看了你登的广告，才找到这里来的。"

"太好了，欢迎你。"

年轻人走进屋里后，自己介绍说：

"我叫莫里斯·索洛文，是伯恩大学的学生，我在学校里学的是哲学，可我并不感兴趣，所以，我想跟你学物理。"

爱因斯坦非常高兴，不仅是又找到了一份工作，而且，他也很喜欢眼前这个思路敏捷、精明聪慧的年轻人。

于是，他们成了师生。渐渐地，两个人发现，他们有很多志趣相投的地方，这时，他们已经不仅仅是师生了，还是朋友。

爱因斯坦对索洛文说：

"我看，我们也别说是什么讲课了，你有时间，我们就在一起讨论，至于学费，也就免了。"

索洛文连忙说：

"那可不行，我们还是要生活嘛，学费是坚决不能少的。"

不久，爱因斯坦的另一个好朋友，青年数学家康拉比·哈比希特也参加到他们的讨论中来了。

他们几个人经常在爱因斯坦的小公寓里，有时针对某个问题要激烈讨论到深夜，邻居们有时实在睡不着了，就会提出抗议。

"请你们安静一点儿吧，已经深夜 12 点多了。"

直到这时，他们才发现，真的是已经很晚了。

他们的每一次聚会，同时也是聚餐。几根香肠和面包，再有几块干酪和水果，就是他们最丰盛的晚餐。

爱因斯坦生日这天，大家笑着说要搞得隆重些，于是，大家一起来到附近的一家小餐馆。

朋友们还特意为爱因斯坦点了他喜欢吃的鱼子酱。

爱因斯坦一边大口地吃着，一边大声地说：

"牛顿说，物体上的惯性是对绝对空间讲的。马赫说，物体的惯性是对遥远的星系讲的。到底谁对呢？"

说完，他就端起已经吃光的鱼子酱的盘子，在空中画了一个大问号，然后又放回到桌子上。

同伴们问他，知不知道刚才吃的是什么？

爱因斯坦看着空盘子，实在想不起来了。

"是鱼子酱呀！"

"哎呀，你们怎么不早点告诉我呢？"

爱因斯坦十分惋惜地叫了起来。

当爱因斯坦知道是朋友们专为他点的鱼子酱后，沉默了片刻，说道："不必请我这样的家伙尝什么山珍海味，反正我也不知道它的味道。"

大家热烈地讨论了一阵后，索洛文说：

"我看，我们讨论问题，简直可以说像个小科学院了。"

哈比希特也称赞说："我们可真像个科学院呀！"

"那么，我们就成立一个科学院吧，怎么样？"

"好啊！就叫奥林匹亚科学院。"

"真是太好了。"

爱因斯坦说：

"我也赞成。"

索洛文说：

"我们应该再选一个院长，就是阿尔伯特·爱因斯坦了。"

哈比希特也叫道：

"好！就是他！"

就这样，由爱因斯坦担任院长的小小科学院在三个人中间形成了。

不久，奥林匹亚科学院又增加了几个新成员，一个是爱因斯坦的同事，一个是专利局的青年技师贝索，还有一位是叫温德勒的年轻人，他是爱因斯坦的妹妹玛雅的朋友，也是玛雅后来的丈夫。

这一群志趣相投的年轻人聚在一起，简直是热闹极了。

他们经常就某一个问题争论不休，有时甚至争得面红耳赤。然而，他们对科学的认真态度，也可以说是具备了当时国家级科学院的水准。当然，爱因斯坦对专利局的工作从来都是一丝不苟、尽职尽责，因此同事们都很喜欢他。

爱因斯坦有了固定职业后，就在克拉姆胡同49号租下了一套比较便宜的住房。

这下他总算可以稍加歇息，认真地考虑成家的问题了。

在定居伯尔尼之前，爱因斯坦就已经有了和大学期间的女朋友米列娃结婚的打算，但是他的双亲得知后，却一直极力反对这门婚事。

1902年，他还因为自己的婚事与母亲产生了意见分歧，暂时闹得很不愉快。母亲不仅在当时反对他的婚事，就是在后来，她也一直都不喜欢米列娃。

1902 年，爱因斯坦的父亲患了心脏病，他又回到米兰，陪在父亲身边，照顾着父亲的起居。

父亲终于在临终之前同意了儿子的这桩婚事。

1902 年 10 月 10 日，赫尔曼·爱因斯坦逝世，葬于米兰。

1903 年 1 月 6 日，爱因

斯坦和米列娃冲破一切阻碍，终于举行了婚礼。他们的婚礼十分简单，证婚人是索洛文和哈比希特。

一年以后，米列娃生下了一个儿子，起名叫汉斯·阿尔伯特。儿子的出生给爱因斯坦带来了无限的快乐，但同时也给他带来了沉重的负担。他本来已经拉着专利局和物理学研究这两部沉重的车，现在又套上了家庭这部车。

这个年轻的父亲，常常是一边用左手抱着儿子，一边用右手做着各种计算。

孩子的啼哭声和大人哄孩子的声音时常交织在一起，奏出了不太和谐的交响曲。

爱因斯坦与生俱来就有一种奇妙的自我孤立的本领。现在，他的世界里只有自己一个人，那里的声音是分子、原子、光量子、空间、时间和"以太"！这个年轻人有才能，有决心，他要解决物理学中最困难的"以太之谜"。

这个难解之谜，不知困惑倒多少物理学家！

现在，这个年仅26岁的小公务员开始冲击这一高峰了，他下决心一定要亲手解开这个谜题！爱因斯坦思考这个问题实在是太久了，他已经整整考虑了十年之久。

不知有多少次，爱因斯坦的眼前似乎马上就闪现出亮光，只要稍稍再转个弯，就该是他所向往的光明境地了。可是，却忽然又跌入黑暗之中。

不知又有多少次，他似乎已经走近了成功的大门，钥匙也已拿在手上了，可一个不眠之夜后，他又会悄悄地走到好朋友贝索那里，轻声告诉他，手上的钥匙开不了那扇大门。大门里面又究竟是什么东西呢？

夜深了，爱因斯坦躺在床上翻来覆去，根本无心睡觉。是啊，他哪里睡得着啊！那个谜还在一如既往地折磨他。

没有一丝希望，没有一线光明。但是突然，在笼罩着一切的漆黑的天幕背后，似乎有什么东西就要破云而出了。黑暗终于裂开，出现了一线亮光。

一下子，那淡青色的、杏黄色的、血红色的、绛紫色的千万道光芒全部冲了出来。

太阳升起来了，爱因斯坦心里的太阳终于冲出重重迷雾升起来了，爱因斯坦顿时睡意全无，他立即翻身起床。

他看了一眼正在酣睡的米列娃和小汉斯，悄悄地走到外面的屋子，点上煤油灯，开始写起来。

# 中年的成就

知识不能单从经验中得出，而只能从理智的发明同观察到的事实两者比较中得出。

—— 爱因斯坦

# 努力追求成功

爱因斯坦在伯尔尼专利局工作的那些年，正是他思想活跃的年代。物理学历史的发展正经历着一个令人困惑同时也预示着一场伟大的革命即将到来的时期。当历史的需要呼唤一位伟人出现时，他以矫健的步伐走向了历史舞台。

1905年5月时，爱因斯坦开始将思索主轴放在他从16岁就开始思考的光与"以太"的问题，在此之前他已经明白麦克斯韦方程式与牛顿力学所用的伽利略转换不兼容了。

爱因斯坦常常到贝索家一同讨论。在5月底，有一次与贝索聚会后，他对于问题的解感到十分绝望，主要困境在于同时性的问题。在离开后的当晚，他突然明白不同参考系的同时性不一定相同。于是，他开始论文写作，并请米列娃来校稿。

五个星期之内，爱因斯坦完成了《论动体的电动力学》这篇论文。虽然只有短短的3000字，一个划时代的理论，即相对论诞生了。为了这篇3000字的论文，他苦思冥想了将近十年。

1905年6月，他将这篇论文寄给了当时世界物理学界最权威的杂志，即莱比锡《物理学年鉴》。

早在1905年3月和5月，爱因斯坦还曾将他当时新完成的另外两篇论文《关于光的产生和转化的一个启发性观点》和《热的分子运动论所要求的静液体中悬浮粒子的运动》，先后寄给了《物理学年鉴》。这篇相对论论文已经是他当年寄去的第三篇论文了。

同时，他还将自己4月完成的一篇关于分子运动理论的论文《分子大小的新测定法》寄给了母校苏黎世联邦工业大学，作为申请博士

学位的论文。爱因斯坦自己认为这篇论文分量比那三篇要轻得多，因此未寄往《物理学年鉴》。

他又为《论动体的电动力学》这篇重要论文写了一篇补充性论文《物体的惯性同它所包含的能量有关吗》，这两篇论文同时成为开创相对论的重要论文。论文完成后，爱因斯坦也将它寄给了《物理学年鉴》。

他先后寄到《物理学年鉴》去的三篇论文，竟同时在 1905 年 9 月该杂志的第 17 卷上发表了出来。后寄去的一篇，也在随后的第 18 卷上发表了。

而另外那篇寄到苏黎世联邦工业大学去的论文，则为论文的作者轻松地摘下了博士的桂冠，并且当年就在伯尔尼发行了单行本。后来爱因斯坦又将它寄给了《物理学年鉴》，发表在 1906 年第 19 卷上。

当时像《物理学年鉴》这样著名的权威科学刊物，谁能在它上面发表一篇论文就是一件很了不起的事，而爱因斯坦的这五篇论文，竟全部都是在它上面发表的，而且其中三篇还发表在同一期上。

在同一期刊物上发表同一位作者的三篇论文，这在《物理学年鉴》的历史上从未有过，更不用说这三篇论文还同时在 20 世纪物理学新开辟、新发展起来的三个主要的未知领域里，即相对论、量子论和分子运动理论都取得了重大的突破：其中一篇为走入迷宫的分子

运动新理论开辟了新的研究方向；另一篇为作者赢得了诺贝尔奖金；而最后一篇则不但开创了物理学的一个新理论，而且也开创了物理学的一个新纪元。

说它们是在三个未知领域里取得了重大的突破也是远远不够的，其中两篇论文，更是构成 20 世纪辉煌的物理学新大厦的两根最主要的支柱，即相对论和量子论的奠基性著作。

德国伟大的物理学家，1954 年诺贝尔物理学奖获得者波恩，在庆祝爱因斯坦 70 岁寿辰的文章中建议，将 1905 年的《物理学年鉴》定为人类全部科学文献之中最卓越的卷册，他写道：

> 依我之见，全部科学文献之中最卓越的卷册，就要数莱比锡《物理学年鉴》1905 年第 17 卷了。这一卷里登载着爱因斯坦的三篇论文，其中每一篇论及一个不同的主题，而且每一篇现在都被公认是杰作，是物理学一个新的分支的起源。

由于这五篇论文的发表，1905 年被看成是物理学创造奇迹的一年，《物理学年鉴》被看成是创造了奇迹的期刊，而爱因斯坦本人则被看成是创造了奇迹的人。而当人们发现这位创造了奇迹的人，不是什么著名的学者和教授，竟是一个专利局的普通小职员的时候，这个奇迹就变得更加神奇了。

伯尔尼专利局里默默无闻的一个 26 岁的青年小职员，利用业余时间进行科学研究，在物理学三个未知领域里，齐头并进，同时取得巨大的成果。这在科学史上，不能不说是一个奇迹。

也许只有 1665 ~ 1666 年可以和 1905 年相媲美。当时瘟疫席卷英国，剑桥大学被迫关闭，23 岁的牛顿回到故乡乌尔索普村。他在乡居期间，发明了微积分，发现了白光的组成，并且开始研究引力问题。

爱因斯坦对为他写传记的作家说：

我没有什么特别的才能，不过喜欢刨根问底罢了。

他也对一位物理学界的同行说过：

空间时间是什么，别人在很小的时候就已经搞清楚了，我智力发育迟，长大了还没有搞清楚，于是一直在揣摩这个问题，结果也就比别人钻研得深一些。

但不管怎么说，爱因斯坦是物理学史上继牛顿之后的又一座高峰，一位科学的革命者。

1905 年已经过去 100 多年了，人们已经跨进一个新的世纪。回首这已经过去的一个世纪，物理学取得了惊人的进展，这些进展是与一个伟大的名字爱因斯坦分不开的。1949 年获得诺贝尔奖的法国物理学家戴布劳格利说过一段话：

20 世纪上半叶取得了物理学上最惊人的突破，这成为科学史上辉煌的一章。就在这短短的几十年中，物理学中耸立起两座丰碑，它们在今后几个世纪中将一直巍然屹立着，这就是相对论和量子理论。相对论是阿尔伯特·爱因斯坦富有创造力的思想的成果。量子理论的首块基石由普朗克奠定，但量子理论中的最重要的进展也应归功于爱因斯坦。

而爱因斯坦在这两个伟大理论中的贡献，正是发端于他在 1905 年所写的论文。

在 1905 年短短的几个月中，爱因斯坦创造了如此丰富的科学研究成果，确实是科学史上的奇迹。更令人钦佩的是，所有这些贡献竟是一个在学术机构大门以外默默无闻工作于伯尔尼专利局的年轻小职员做的。他在完成本职工作的前提下，完全靠利用业余时间自己摸索，没有任何的学术联系，甚至和这一行的前辈也基本上没有接触，更没有名师指导。

若干年以后，他在与自己的学生利奥波特·英费尔德谈起自己的科学经历时说，一直到 30 岁左右，他还从来没有见到过一位真正的理论物理学家。英费尔德曾风趣地补充说："除非是在镜子里。"

然而爱因斯坦成功了。这需要多么大的毅力！他付出了多么大的代价！正如爱因斯坦自己在 1933 年所写的那样：

> 一旦这种想法的正确性得到了承认，最后成果就水到渠成了。任何聪明的大学生理解这些成果都不会有什么困难。但是，在一个人茅塞顿开、恍然大悟之前，在黑暗中探索能感受到但又表达不出的真理的那些年代里，那种强烈的求知欲望，那种时而有信心时而又产生疑虑的心理变化，只有亲身经历的人才能知道是什么滋味。

# 揭示分子与光量子之谜

爱因斯坦相信世界是物质的，相信原子和由原子组成的分子是存在的。但是，怎样才能用最有力的证据证明原子和分子的存在呢？在他从联邦工业大学毕业以后那些失业的日子里，他就开始思索这一问题了。

以前在工业大学的物理实验室里，爱因斯坦也曾经在显微镜下观察过布朗运动。已经过了多年，但是那种奇妙的现象表现粒子不规则的、永不止息的运动，仿佛仍在眼前。

1905年4月和5月，他把这一研究成果写成两篇论文：《分子大小的新测定法》和《热的分子运动论所要求的静液体中悬浮粒子的运动》。

法国物理学家佩兰作出了响应。三年后，他用极精细的实验证实了爱因斯坦的理论，计算了分子的大小。由于这项工作，佩兰荣获了1926年的诺贝尔奖。

铁的事实，迫使最顽固的原子论反对者奥斯特瓦尔德和马赫也不得不服输，声称"改信原子学说"了。一时甚嚣尘上的反原子论终于宣告彻底破产，爱因斯坦成功了。

1905年，爱因斯坦的第一篇著作《关于光的产生和转化的一个启发性观点》问世了。在以后的几年中，他还发表了几篇有关量子物理学的论文。

爱因斯坦的光量子学说，以最简练的方式阐明了"光电效应"，这种效应的基础是光与电子之间进行能量交换。

1923年，这一效应证实了光子的实在性，给人的印象极为深刻，从此以后光量子学说成为现代物理学必不可少的组成部分。

爱因斯坦关于光的新理论，究竟超过他同时代自然科学家的思想有多远，这从1913年柏林第一流的物理学家们的评论中可以一目了然。爱因斯坦被任命为柏林科学院院士时，他们在赞扬了他在科学上的多方面成就后，要大家特别重视他的光量子假说：

> 他在探索过程中，往往会超出预想目标，比如在光量子假说方面就是这样，因而对他作出评价不会太困难；在精密自然科学中，一次冒险也不做，便不会有真正的创新。

光量子假说在学术上具有划时代的意义，它是整个原子物理学进一步发展的基础。不论是1913年波尔提出的著名的原子模型，还是20世纪20年代初期法国物理学家德布洛伊天才的"物质波"假说，如果没有光量子假说，都是难以出现的。

# 敢于向权威提出挑战

爱因斯坦是相对论的创始人，相对论无疑是他最重要的成就。与其他研究工作相比，相对论对自然科学思想体系产生了更深远的影响，它的作用远远超出哲学思想的范畴。

它引起了一场最激烈的争论，也正是通过这场争论及以后的实践，让全世界的人都了解到了爱因斯坦的伟大。

1905年，爱因斯坦在《物理学年鉴》上发表了长达30页的论文《论动体的电动力学》。这篇文章宣告了相对论的创立。

同年，还在这一杂志上，他以题为《物体的惯性同它所包含的能量有关吗》一文又作了重要补充。这两篇论文都收集在1913年相对论重要的历史文献《相对论原理》一书中，与读者再次见面。对于爱因斯坦在相对论中研究的问题，当时物理界的看法是不同的。

19世纪，先是光学的机械理论居于统治地位。这种理论认为，光是一种被称为"光以太"或简称"以太"的弹性介质的波动。

光以太学说与牛顿力学所引出的"绝对空间"理论紧密相连。牛顿认为："绝对空间由于它的本性以及它同外界事物的无关，它永远是同一的和不动的。"

于是，牛顿认为可以把以太看作是绝对参考体系，它决定了世界上一切运动的永恒的绝对状态。

马赫对牛顿的时空概念作了有力的批判，但还是没有将其推翻。这是因为要改变时间和空间的概念，客观条件还没有成熟。

美国物理学家麦克尔逊做了实验。麦克尔逊的实验得到的结果，彻底否定了"光以太"的存在。

麦克尔逊的实验结果使理论物理学家陷入难以自拔的思维困境，又像是一个系在人们心头达十年之久的、无法解开的死结，但它被年轻的爱因斯坦解开了。

1905 年，爱因斯坦提出了相对论，他把作为光波载体的"以太"，从物理学世界中清除出去了。他认为，"光以太"原本只是物理学界的一个"幽灵"，他把独立的物理实体，即电磁场请出来，坐在"以太"的位置上，这也是崭新的、勇敢的行动。尽管法国物理学家彭加勒在他之前就曾提过应该抛弃"以太"假说，但是他没能把这种想法变成新的自然观的基础。

"无以太物理学"是爱因斯坦思想的重要成果之一。

爱因斯坦狭义相对论思想的产生，最早源于 16 岁时一直困扰着他的一个问题。在 1895 年进入阿劳中学上学时，他已比同龄的中学生掌握了更多的物理方面的知识。他对探索自然奥秘有着无比浓厚的兴趣，时常一个人静静地思考一些科学特别是物理学方面的问题。

一天，他突然想到这样一个问题：假如一个人以光速跟着光波跑，那么他就处在一个不随时间而改变的波场之中。也就是说，应该看到这条光线就好像一个在空间振荡而停滞不前的电磁场。然而看来不会有这种事情。这个问题他一直想搞清楚，并为此沉思了十年。

1896 年爱因斯坦进入苏黎世联邦工业大学以后，继续思考着关于运动物体的光学特性的问题。对于当时物理学中流行的光是通过"以太"这种特殊的介质来传播的观点，一开始他也是毫不怀疑的。

但爱因斯坦想，光通过"以太"的海洋传播，那么地球也应是在"以太"中运动的，反过来说，"以太"应有相对于地球的运动。这应该可以通过实验来加以验证。因此他就去查阅有关这方面的资料。可是他查遍了所能找到的物理学文献，都没有找到关于"以太"的明确的实验证据。

于是爱因斯坦想亲自来验证一下。可是他的老师不支持他，他也没有机会和能力创造这种设备，事情就这样不了了之。后来，当他正在学校思考以太流的问题时知道了麦克尔逊实验的"零"结果。

数学家闵可夫斯基曾是爱因斯坦在联邦工业大学上学时的老师。当年爱因斯坦经常逃课，闵可夫斯基骂他"懒坯"。当爱因斯坦《论动体的电动力学》发表以后，闵可夫斯基很快理解了，并看到了这篇论文的深刻意义。他实在没有想到，曾被他骂为"懒坯"的学生，现在竟写出了如此深刻的论文。

闵可夫斯基是搞数学的，他从数学的角度认真地思考了爱因斯坦的理论，结果得到一种非常美妙的描述狭义相对论的数学方法。

闵可夫斯基的论文在1907年发表。第二年夏天，在科隆举行的"德国自然科学家和医生协会"第80届年会上，他作了一个报告，宣传相对论的思想，题目是"空间和时间"，其中有一段著名的话：

> 先生们！我要向诸位介绍的空间和时间的观念，是从实验物理学的土壤中生长起来的，这就是它们力量的所在。
> 这些观念是带有革命性的。从现在起，空间自身和时间自身消失在阴影之中了，现实中存在的只有空间和时间的统一体。

闵可夫斯基的报告引起了与会者的巨大反响。可惜三个多月后，疾病就夺去了他年仅44岁的生命。去世前，他万分遗憾地说："在发展相对论的年代里死掉，真是太可惜了。"

# 美名传遍世界

1907 年，苏黎世联邦工业大学的克莱纳教授写信给爱因斯坦，建议他向伯尔尼大学申请"编外讲师"的职位，然后再申请苏黎世联邦工业大学的教授职位。

因为按当时的规定，先要当一段时间没有薪水的"编外讲师"，才能被任命为教授。

所谓编外讲师不是教师职位，大学或其他任何官方机关不发给薪金。爱因斯坦决定，在专利局工作的同时，提出到大学任教的申请。

6 月 17 日，他寄了一封信给伯尔尼州当局，内附他的博士论文以及已经发表的 17 篇论文的副本及所学的全部课程简介。

果然，在 1908 年 2 月 28 日，爱因斯坦收到一封信，通知他的申请被伯尔尼大学接受了，并给予他授课的权利。爱因斯坦终于成了学术界的一员。

1909 年 7 月，爱因斯坦第一次获得学术荣誉——日内瓦大学名誉博士，并应邀出席建校 350 周年的庆祝会。

庆祝盛典的莅临者后来回忆，爱因斯坦的礼帽和普通的西服在法兰西科学院院士的绣花燕尾服、英国绅士的中世纪长袍以及来自全球二百多名代表的各式各

样的名贵装束中，显得太普通了。

9月，他又到萨尔斯堡参加"德国自然科学家和医生协会"第81届年会。这也是他第一次应邀作学术报告。这也是爱因斯坦第一次同物理学界的同行们相会，大家已把他列入巨人之列。他在巨人中寻找普朗克。

"您就是爱因斯坦先生吗？"

会上有一位不认识的学者问道。

"是的。"

"我是普朗克。"

"是普朗克先生啊，我早就听说过您的大名了。"

爱因斯坦和这位著名的量子理论创始人普朗克第一次见面，很快就熟悉起来了，并成为了好朋友。

爱因斯坦说："普朗克先生，我发表的论文，就是用您的理论做的基础。"

是的，爱因斯坦的狭义相对论研究时，为了证明一些现象，对普朗克的理论进行过研究。

普朗克激动地说："你的论文我都仔细读过了，那可真是大胆的设想啊。"

"您有意见吗？"

"关于光是粒子的理论，下得有些武断，还需要再论证。"

"是的，我相信，将来的实验会解决这些问题的。"

由于爱因斯坦在《物理学年鉴》上发表的论文引起了极大的轰动，苏黎世的几所大学，都想聘请爱因斯坦去任教。

但是，爱因斯坦并不愿意当大学教授，他情愿在专利局工作。

原来，爱因斯坦认为，在大学讲课太浪费时间，还不如在专利局，可以有更多的时间去从事自己的研究。有的朋友劝他说：

"在专利局虽好，可是，如果你想有所成就，还是进入学术界为

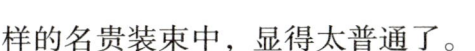

好，去做大学的教授吧。"

于是，爱因斯坦听从大家的劝说，担任了伯恩大学的特邀讲师。所谓特邀讲师，就是说，学校不发给老师薪金，只是从选听课的学生那里，交纳部分学费分给讲师。好在爱因斯坦还有专利局的工作，所以他也不太在乎这份工作。

因为爱因斯坦只顾专心于研究，所以，讲课的效果很差，没有几个学生听他的课。

这时，苏黎世大学也就是爱因斯坦就读过的联邦工业大学的克莱纳教授很想让爱因斯坦到他们学校去任教。

有一天，克莱纳教授突然来到爱因斯坦的课堂上。结果是可以预料的，克莱纳教授对他的课不满意，他说：

"爱因斯坦，你讲课的方法有问题，而且，讲的内容也太深奥了，这样谁能愿意听你的课呢？本来，我是想请你到苏黎世大学任教的。"

爱因斯坦毫不在乎地说：

"我从来没想过要去苏黎世大学任教。"

苏黎世大学的克莱纳教授虽然对爱因斯坦的讲课不满意，但是，爱因斯坦的名声使苏黎世大学最后还是决定聘用爱因斯坦。

1909 年秋天，爱因斯坦带着妻儿，一起回到了苏黎世。因为爱因斯坦夫妇都在苏黎世读的大学，所以，他们回到这里，心情很好，很多好朋友都来看望他们。

米列娃也是十分高兴，她笑着说：

"回到这里，感觉好极了。"

在苏黎世大学，爱因斯坦担任力学、动力学课程，还主持了物理学讨论会。

刚开始，爱因斯坦的课讲得还不是很好，可是这次，他认真起来，因为他喜欢这些学生。

每次，上讲台讲课之前，爱因斯坦都要认真备课。上课之前，他总是微笑着向学生说：

"上次的课，有什么问题吗?"如果有人提问，他就会认真、详细地讲解。

课堂上，爱因斯坦从来不用讲义，而是边讲边做出许多复杂的问题。

对于学生，爱因斯坦不仅是一位教师，同时，他还是一位好朋友，他以一位朋友的身份和态度同学生们交往。在学校里，爱因斯坦的人缘也很好，不管是对谁，即使清洁工，他也会用温和的语气和他们说话。渐渐地，爱因斯坦在学生中和老师中得到了一致的好评。

可是，在学校里也有爱因斯坦非常讨厌的事，那就是校务会议。校务会议上，讲的都是一些与学术无关的问题或一些口号，每到这种时候，爱因斯坦都是在打呵欠中度过的。

学校里的人说："爱因斯坦教授真是与众不同，他对待打扫卫生的女佣，都是用一样的态度。"

爱因斯坦就是爱因斯坦，他的独特个性并没有被装腔作势的学者风范所感染。

汉斯·坦奈在这期间听过爱因斯坦的讲课，他回忆说：

当爱因斯坦身着半旧上衣，下穿过分短的长裤登上讲坛的时候，当我们发现他胸前挂着一条铁质表链的时候，我们对新教授都不免心存怀疑。但他一开口讲话，就以独特的讲授方法征服了我们变冷的心。

爱因斯坦讲课时用的手稿是一个如名片大小的笔记本，上面写明他在课上想要阐明叙述的各种问题。可见爱因斯坦讲课的内容都是来自个人的脑海，我们也就成了思维活动的目击者。

像这样的方法对大学生来说更有吸引力；虽然我们习惯

于风格严谨、四平八稳的讲课，这些讲课刚开始也吸引过我们，但在老师和同学之间却留下了一种隔阂感。

而在这里，我们亲自看到科学的成果是通过什么样的独创方法产生的。课后我们觉得，我们自己似乎也能讲课了。

爱因斯坦的科学思想和兴趣，使他能够在不懂物理学的人们中间找到交谈者。因为，对这些人来说，关于空间和时间的一般见解，未被传统概念所侵蚀，其原始质朴的直觉倒正是爱因斯坦物理观念的出发点。

在苏黎世，爱因斯坦与历史学家施恩特交往很多，还在大学生时代，他就喜欢到施恩特那里去。后来在施恩特80岁诞辰时，他还如此写道：

我大概不知道还有第二个人能在生活、见解和价值观念急剧动荡的时代保持这样不可思议的坚定不移。

爱因斯坦在联邦工业大学的年薪也是3500法郎，和专利局一样。但是，副教授的头衔却要有副教授的排场和消费。

米列娃不得不在家里收几个学生寄宿，挣一些钱来贴补开销。不过，手头拮据，这也是爱因斯坦的老问题了。他自有打发老朋友的办法，即说说笑话、开开心。

他对朋友说："在我的相对论中，空间的每一点，我都放上一只表，可是在生活中，连在自己的口袋里放一只表，我都办不到。"

被柴米油盐搅得心烦意乱的米列娃时常与爱因斯坦发生摩擦。1910年6月，爱因斯坦的第二个儿子出生，取名爱德华。小儿子的出生也没能使爱因斯坦与米列娃的关系融洽起来。

两个人的个性都太强，就像钢刀砍在石头上，少不了迸出火星。

米列娃觉得嫁给爱因斯坦埋没了自己的科学才能，她现在只能做一个喜欢空想的妻子，做一个庸俗的家庭主妇，太委屈了。而且，这位大学物理系出来的家庭妇女，操持家务的本领并不高强，家里时常搞得乱糟糟的。

她需要丈夫的帮助、关心和体贴，可爱因斯坦自己却像个永远长不大的"孩子"，他自己都需要别人的照顾和关心。

他也生生炉子，带带孩子，可心却完全扑在物理学上。如果让他在物理学和家庭生活之间作出选择，他会毫不犹豫地选择物理学。苏黎世造就了伟大的爱因斯坦，也给他的家庭悲剧揭开了帷幕。

1911 年初，奥匈帝国波希米亚省的省会布拉格发来聘书，请他去当布拉格德国大学的正教授，爱因斯坦接受了。

与苏黎世相比，布拉格的待遇高，工作条件好。还有，马赫是那里第一任校长，开普勒曾经在布拉格附近工作过，这些都给爱因斯坦想象中的布拉格增添了一层诱人的浪漫主义色彩。

布拉格德国大学是 1348 年卡尔大帝四世创立后发展起来的一所历史悠久的大学。

1882 年，在当时的政治条件下，两个民族已经达到难以共处的地步，被迫成立德国分校和捷克分校。

1867 年，马赫在布拉格任实验物理教授时，被推选为布拉格德国大学的首任校长，从此在这里任教约 30 年，使这所大学闻名起来。1895 年，马赫担任维也纳大学"综合学科的历史和理论"教授。

马赫的学生们提议，为爱因斯坦建立一个理论物理教研室，因为当时这位相对论的创始人已不仅是马赫关于力学观念批判的实践者，还是马赫认识论的拥护者。

爱因斯坦在书信中自称是马赫的学生。他认为本来应该把近代物理学家都看作是"力学家"，对这种见解的形成，爱因斯坦的确起了推动作用。

按照规定，在宣布委任之前，需要有被推荐人的推荐书。他们邀请德国最著名的理论物理学家普朗克做推荐人。

普朗克在推荐书中热烈地赞誉爱因斯坦：

要对爱因斯坦的理论作出中肯评价的话，那么可以把他比作 20 世纪的哥白尼，这也正是我所期望的评价。

在布拉格期间，爱因斯坦的名望如日中天，世界认识了爱因斯坦。欧洲的许多大学都向爱因斯坦发出讲学邀请，甚至大西洋彼岸，美国的哥伦比亚大学也发来邀请。

苏黎世联邦工业大学，即爱因斯坦的母校终于不敢怠慢自己的学生了，他们也打算请爱因斯坦来主持一个新开设的数学物理讲座。

面对这么多的邀请，爱因斯坦选择了母校。米列娃不喜欢布拉格，她想念苏黎世。她和爱因斯坦一样，把苏黎世当作自己的故乡。爱因斯坦对于母校总有一种依恋之情，而且他觉得，那里有格罗斯曼，解决引力问题需要他！

1912 年秋天，爱因斯坦回到了母校，聘书的期限是 10 年。

在苏黎世，不仅工大的人们急切地等待着爱因斯坦。老朋友们，特别是格罗斯曼，也在焦急地等着他。老朋友在苏黎世会面了，爱因斯坦又得向格罗斯曼求援了。12 年前，格罗斯曼曾帮助爱因斯坦不必去听数学课，但现在的爱因斯坦则需要数学了。

在布拉格时，皮克对爱因斯坦指出过的某些几何概念能帮助他在进一步推广相对论时克服困难，但这些指示还不够，还需要把弯曲概念不只运用于线和面，而且还运用于三维空间和四维空间。除了几何思维的深刻和明晰之外，除了为物理问题选择数学方法外，还需要广泛的和系统上的数学准备。

格罗斯曼又一次帮助了爱因斯坦。他与爱因斯坦进行了多次长谈，并把爱因斯坦领进了数学方法的园地，这些方法有助于爱因斯坦解决新的物理学课题。

1922年12月在东京演讲时，爱因斯坦详述了为建立引力场方程而寻求数学方法的历程：

如果所有加速系统是等效的，那么欧几里得几何对它们不可能都成立。抛弃几何而维持物理定律，就等于表达思想不用词语。我们必须先寻找词语才能表达思想。在此我们必须寻找什么呢？这个问题一直没有解决，到了1912年，我才突然认识到，高斯的曲面理论是解开这个秘密的关键，我认识到高斯的曲面坐标系意义深远。

然而，我当时还不知道黎曼已经以更深入的方式研究了几何学的基础。我突然想起，在读大学时盖泽先生给我们上的几何学课程中就有高斯理论。我认识到几何基础具有物理意义。

当我从布拉格回到苏黎世时，我亲爱的朋友、数学家格罗斯曼也在苏黎世。从他那里我首先知道很多朋友在这里，后来又知道了黎曼。因此我便问朋友，我的问题能否通过黎曼理论来解决。

格罗斯曼的鼎力相助使得广义相对论的研究前景明朗化了。

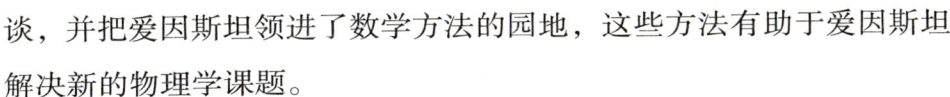

# 真情在柏林之约

1913 年夏天，两位年过半百、德高望重的权威学者，风尘仆仆地从柏林来到苏黎世。这两位学者一位是普朗克，一位是能斯特。

普朗克是德国《物理学年鉴》的编辑委员。一天，当他在柏林大学的家中养病时，印刷厂送来了《物理学年鉴》的清样，上面登载着爱因斯坦的论文《论动体的电动力学》，他随手翻了翻，立即被爱因斯坦的思想吸引了。

他忘记了医生的忠告，急忙移到书桌边，全神贯注地读了起来。过了好一会儿，这位素以严格稳重著称的教授猛然跳起来，叫道："简直是哥白尼！作者是什么人？他在哪里？"

普朗克的心里怎么也平静不下来，他马上按杂志提供的地址给从未见面的爱因斯坦写了一封信。

这两个大学者，来苏黎世干什么？观光？旅游？都不是，他们是带着德意志的使命来拜访爱因斯坦的。

当时的德国，专门的国家科学机构或由政府倡议、私人投资建立的科学机构不断涌现，在这些机构中，理论研究也受到执政者的高度重视。

为了从英国那里夺取科技和工业发展的优势，以"铁腕政策"重新划分市场、原料产地、投资场所，日耳曼帝国特别希望使理论思维的实力集中在扩张工业和军事竞争上。

威廉皇家协会准备吸收最优秀的科学家们参加，他们可以获得比较优厚的酬劳，没有教学任务，有权进行任何个人感兴趣的研究。

设想这些研究将会带来累累硕果不是没有根据的。挑选学者的具体工作就由普朗克和能斯特负责。普朗克和能斯特联名向上司报告：只有把爱因斯坦请来，柏林才能成为世界上绝无仅有的物理学研究中心。

年纪小小就毅然放弃自己的出生之地，不做德国人。忠君、爱国、英勇、服从，这些德国人心目中的崇高品德，常常受到他的嘲笑，他把这些东西叫作愚蠢和盲从。然而，要把这样一个"怪人"拉回到德国精神文化生活的中心，要具有极大的吸引力才行。普朗克、能斯特放出的"钓饵"是诱人的。

第一，请爱因斯坦担任正在筹建中的威廉皇家物理研究所所长。这个建议似乎很奇怪，随便由谁来领导一个研究机构，恐怕都比这位心不在焉的爱因斯坦教授强。可是不要紧，所长代表地位和荣誉。

第二，选爱因斯坦当普鲁士科学院院士。一般院士是没有薪水的荣誉头衔，但爱因斯坦就任的是实任院士，年薪1200马克。

第三，聘爱因斯坦为柏林大学教授。他有授课的权利，只要他有兴趣。但却没有讲课的义务，讲多讲少，讲课的内容和时间，均由他自己决定。

这个方案，真不愧是网罗爱因斯坦的妙计。它是普朗克的浪漫主义和能斯特的实干精神合作的产物。他们算是摸透了爱因斯坦的心思，爱因斯坦不能不动心了。

在这个世界上，还祈求什么呢？安定的生活环境，良好的工作条件，充裕的研究时间，不受任何束缚和干扰，全心全意地进行相对论研究，实在是巨大的诱惑。可接受在柏林的工作，爱因斯坦并不是坦然的。

中学时代，爱因斯坦离开出生地，就是希望从那时起能放弃德国国籍，以便与军事操练和"黩武气息"一刀两断。可是现在难道还要返回普鲁士军国主义的大本营去安家定居？甚至还要去当普鲁士皇家机构的官员？

爱因斯坦对自己的创造性有了一种隐隐的忧虑。他曾对苏黎世的挚友说过："柏林的先生们把我当作豢养的产卵鸡，可连我自己也不知道，我还能不能下蛋！"爱因斯坦陷入了犹疑不决之中。

"你的出生之地，你真正的祖国在等待着你！"普朗克以他自认为最神圣的感情劝说着爱因斯坦。

"可是，我是个和平主义者，"爱因斯坦说，"德国真的会欢迎我吗？"

"德国欢迎的是物理学家，相对论的创立者。"能斯特的政治家风度与外交辞令隐藏了他真正的目的。

"但是，"爱因斯坦打断他们的话，"这算得了什么呢？相对论算不了什么的。朗之万说过，全世界只有 12 个人懂得相对论。""这一点我们同意，可是在这些人里，倒有 8 个在柏林呢！"普朗克、能斯特自负地大笑起来。

爱因斯坦也笑了。确实，柏林是当时自然科学研究中心，有一流的设备、一流的人才，确实是研究与推广相对论的最佳地点。

"这样吧，"爱因斯坦面对难题的幽默又表现出来了，"你们二位先生先去玩几天，等你们再回苏黎世，我到车站来接你们。"

普朗克和能斯特完全迷惑了。"要是我手里拿一束白玫瑰花，就是'不去柏林'；要是拿一束红玫瑰花，就是'去柏林'。"

爱因斯坦作出了一个浪漫的决定。

送走他们后，爱因斯坦与妻子商量，希望全家人搬到柏林去，以便自己能够有足够的时间和精力去从事物理研究。

可是，米列娃的态度却十分强硬，坚决反对再一次搬家，而且是去她一直讨厌的德国。

"我是一个斯拉夫人，一直被德国人瞧不起，现在你却让我生活到他们中间去，你是想让我去找死吗？"

"怎么了，米列娃，你不喜欢一家人生活在一起吗？"

"我喜欢，却一点儿也不喜欢去柏林。"

"可是那里可以为我们提供更好的生活条件，一流的设备，对我的实验起着决定性作用。"

"不，如果你喜欢去，你自己去好了，我和孩子是坚决不会去的。"

两个人为此吵了很久，谁也不能说服对方，此时的爱因斯坦深知，他与妻子的感情已走到了尽头，要想再走到一起，那是不可能的事情了。

但是，无论如何，爱因斯坦都已下定了决心，他一定要去柏林，他不能放弃一流的研究环境。

当普朗克、能斯特怀着忐忑不安的心情从郊外返回苏黎世火车站时，一束红玫瑰在爱因斯坦手里盛开着，他们的心放下了。

柏林科学院早已盼望爱因斯坦了。

1911年，诺贝尔奖金获得者范特霍夫逝世后，柏林科学院就想物色一位继承人担任常务院士。当年老力衰的伦琴谢绝这个职务后，柏林科学院想到的首要人选就是爱因斯坦。

1913年7月10日，在普鲁士皇家科学院学部全会上，爱因斯坦以44票绝对优势，荣膺为正式院士。

1914年初，爱因斯坦只得孤身一人前往柏林了，他终究没能说服米列娃同行，这次告别，也正式结束了他的第一次婚姻生活。

春天的柏林是美丽的，刚刚走出柏林大火车站，爱因斯坦在迎接他的人群中，接到了一束火红的玫瑰。

"你好吗？阿尔伯特。"

听到这熟悉的声音，爱因斯坦顿时一愣。

"是你吗？艾尔莎。"

在车站遇见了表妹艾尔莎，使得爱因斯坦的心情好受多了。

1914 年春天，爱因斯坦带着他对科学研究的渴望，来到了柏林，只是他一再要求：

"我的瑞士国籍不能改变。"

他的要求没有被拒绝。

生活在这个洋溢着一派大都市现代生活气息的城市里，爱因斯坦最喜欢去树荫下散步，一边走路一边思考问题。

在日常生活里，他深居简出，每天在固定的时间去研究所。

会员们早就听说了大名鼎鼎的爱因斯坦。今日一见，却发现，他与别人实在是没什么不同之处，如果说有什么不同的话，那就是他很善于发言。大半的科学界人士都会在那里专注地思考很久后，才会回答自己的想法，只有爱因斯坦是特殊的。他的嘴总会比别人快许多，人们会发现他特别喜欢独自一人散步。却不知道那正是他独立思考问题的最佳方法。

有一次，普朗克与爱因斯坦约好一起去波茨坦天文台参观，可是在约定的时间里，普朗克并没有赶到。普朗克一路飞奔赶来，一路上懊悔不已，他深知科学家们每个人的分秒时间都是很珍贵的，自己却足足耽误了爱因斯坦整整半个时辰的时间。

"对不起。因为一些琐事缠着，却耽误了你的时间，真是抱歉。"普朗克匆匆赶到的第一句话就是急忙向爱因斯坦道歉。

"什么，你怎么这么客气，时间已经到了吗？"

"怎么，你没有感觉已过了半个时辰了吗？"

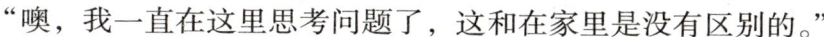

"噢，我一直在这里思考问题了，这和在家里是没有区别的。"

普朗克因此而更加佩服爱因斯坦了，真是一个学术界的天才啊！

还有一次，爱因斯坦从同事口中得知心理学家施图姆普夫教授对于空间现象问题有一定的研究，同在普鲁士皇家科学院，爱因斯坦同这位心理学家曾经有过几次接触，只是不太熟悉。

听了同事的话后，爱因斯坦决定去拜访心理学家施图姆普夫教授，顺便可以一起探讨一下有关自己的相对论的问题。可是他并没有礼节性地预约，在一个明媚的早晨，他早早地来到了教授的家。

佣人惊奇地望着这位突然造访的客人，告诉他主人出门去了，请他留下话来，自己可以代为转告的。爱因斯坦对此毫不在意。他对佣人说：

"不必了，我去公园里转转吧。"

下午，爱因斯坦又一次敲开了施图姆普夫教授家的门。

"你，你找谁啊？噢，不对，您是上午来过的先生吧！"

"是的，请问教授在家吗？"

"在家的，只是你没有预约，主人刚好已经去午睡了。"

爱因斯坦一点儿也不着急，他告诉佣人，他可以等。于是佣人让他在客厅里等着，自己去忙别的事去了。一直到下午4点多钟，爱因斯坦终于见到了教授。

看见新来的院士前来看望自己，十分的高兴，虽然他没有预约让人有点意外。

谁知，令他更感意外的事情还在后面呢。

施图姆普夫教授礼节性地寒暄过后，本以为爱因斯坦也会说一些礼节性的问候语呢。

谁知，爱因斯坦坐下来后，就开始滔滔不绝地说起了他的相对论，这位著名的心理学家对于数学是一窍不通的，客人的满嘴学术术语，使得心理学家十分尴尬，此刻他一句话也插不上去，而且爱因斯坦也始终没有停下他的长篇大论。

心理学家只好不停地回答着一句话：

"是的，是的。"

一直到爱因斯坦离开后，主人始终也没弄清他此行的目的。

如果是礼节性的看望吧，他却是始终没有一句寒暄语。如果是无意中路过吧，却又三番五次地来到他的家，一坐就是几个小时，真是一个令人琢磨不透的人。

1914 年这一年，爱因斯坦在柏林的科学研究还是有了一定的突破，他提出了牛顿的极限离心力是正确的，从而纠正了自己以往的错误认识。

在生活上，他是寂寞的，一有空，他仍然喜欢拉上一曲小提琴，以排解心中的孤独。

在柏林，他经常来往的就是他的表妹艾尔莎家，他们的亲戚关系虽然很远，但是由于从小一起长大，从小就建立了十分亲密的关系。

因为十分担心爱因斯坦的生活状况，艾尔莎经常劝说爱因斯坦应该尽快把米列娃及孩子们接来柏林一起生活，但是爱因斯坦告诉她，那已经是不可能的事了。

没有办法，艾尔莎只好经常让爱因斯坦来自己的家中吃饭，她的两个女儿也十分欢迎这位会拉小提琴的亲戚，她们待他像父亲般的亲密，爱因斯坦也把慈祥的父爱给了两个孩子，有了艾尔莎一家的照顾，爱因斯坦的生活也算有了一点乐趣。

让爱因斯坦始料未及的是，1914 年的夏天，第一次世界大战彻底爆发了。

这是一场规模宏大、非常残酷的战争。德国立刻进入了战争状态。整个柏林都卷入了战争的狂热之中了。

无论是皇帝、大臣，还是议员们，都在拼命鼓吹着"保卫德意志，德意志万岁"的口号，市区内到处飘扬着国旗，即将出征的战士

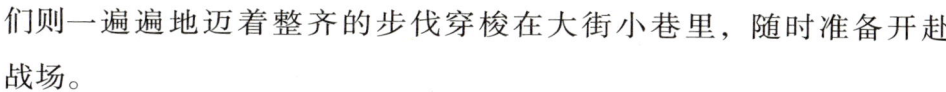

们则一遍遍地迈着整齐的步伐穿梭在大街小巷里，随时准备开赴战场。

"不管哪里，都是德国的敌人。"狂热而愚蠢的口号，遍布整个德国上下，人们对于战争的热情也日益高涨。

柏林大学的学生和教授们，也没能抵挡住这一狂潮，一向支持战争的能斯特教授甚至当上了战争顾问，穿上了军服。一位学者发明的一种轻体炸药，已经准备用到战场上去了。

一些文人学者们积极起草了一份战时告示书，希望科学家们也联合起来，积极支持德国发动的这场战争。

一份科学家联合签名的告示书最后也被送到了爱因斯坦的面前，普朗克教授也签了名，他劝告爱因斯坦：

"德国的安危，我们每个人都是有责任的。"

"不，教授，您说错了，我永远坚持我的原则，我不会支持战争的，更不会签名支持战争的。战争是野心家们的阴谋，遭受危害的都是无辜的人民。"

爱因斯坦不但没有支持战争，反而公开宣布，他坚决反对一切战争，并于10月中旬同四个志同道合的朋友一起发表了反战宣言，坚持自己的立场。

"战争会摧毁世界的一切文明，我们必须阻止它的蔓延。一切有教养的人，都不应该让自己投入到这场毁灭性的战争当中去。整个欧洲的人民应该团结起来，反对一切战争的发生。"

尽管爱因斯坦尽最大的努力去呼唤和平，但是战争还是爆发了。

研究所再也不能去了，因为这时的研究所，已经成了战争的帮凶，人们纷纷谈论战争，许多教授都纷纷放弃了自己的研究计划，一心帮助军队研究一些军事秘密化工武器，爱因斯坦没有能力阻止那一切，他只能以拒绝参加研究来表明自己是反对这一切的。

1914年11月，反对战争的知识分子们在柏林正式组成了"反战联盟"，旨在抗议德国军国主义的暴行，爱因斯坦不仅是该组织的成员之一，也是积极的发起者。

当时许多关系比较好的朋友都来劝阻他，希望他保持中立。不要卷入这场战争中，可是爱因斯坦却说：

"我们的国家应该是一个和平的国度，每个人都应该为它的安定付出自己的努力的。"

战时的柏林，物品短缺，物价也飞速上涨，甚至许多人都出现了吃不上饭的危机，爱因斯坦由于国际友人的支持，还能和艾尔莎一家人勉强度日。

爱因斯坦还经常写信给国际友人，希望通过国际社会的力量来阻止这场战争的继续进行。

善良的爱因斯坦，希望借助于良知的呼吁来唤醒那些冲动的行动，可见，他对于这场战争曾经抱有怎样"天真"的想法。

1915 年初，爱因斯坦还曾与法国作家，一位积极的反战主义者罗曼·罗兰取得了书信联系，他们双方互相鼓励，试图借助媒体的力量使得双方停战。

可是，这只是他个人的善良的想法罢了，战火却越烧越旺了。

德国政府部门对于他的举动并不赞成，并一举摧毁了"反战联盟"，组织的成员也都遭到了迫害。爱因斯坦之所以一直都能够平安无事，主要得益于他的瑞士国籍，作为中立国的公民。再加上他的学术名声，使得他还没有被列入屠杀的行列。

1915 年的秋天，由于十分担心米列娃及孩子们的安危，爱因斯坦离开了柏林准备回到瑞士。

一位朋友问他：

"阿尔伯特，你听过罗曼·罗兰这个名字吗？"

"当然听过，他是一位伟大的人道主义作家，同时也是一位和平主义的推动者。"

"你早就听说过他，那你现在是否想来见一见他呢？"

"怎么？你认识他吗？"爱因斯坦惊奇地问道。

"我知道他住的地方，如果你想去的话，我可以帮你联系一下。"朋友十分肯定地告诉爱因斯坦。

"那可太好啦，我一直盼望着有这么一天呢！"

"那我们准备一下，明天就能去了。"

于是，在朋友的陪同下，爱因斯坦见到了只闻其名、未见其人的反战同盟军。

"你好，我是爱因斯坦，见到你很高兴。"

爱因斯坦向罗兰伸出了他的友谊之手。

"您的大名我早就听说了，今天却没想到在寒舍得以相见，真是三生有幸啊！"

"你太客气了，作为一个反战主义者，我们的立场是一致的，只希望我们的目标能够早点实现。"

"是的，就让我们一起努力吧。"

两个反战主义者坐在了一起，他们的心声得到了交流，他们的心灵不再孤独。他们知道，在世界的每个角落都有热爱和平的人们。

战争在继续，爱因斯坦的信心也变得悲观起来，战争、绝望使他的身体状况又恶化了，他的身体一天不如一天，整个人也瘦了一大圈。

可是这一切，并没有阻止他科学研究的脚步，在隆隆的炮火中，爱因斯坦的相对论研究又有了新的突破，1919 年初，爱因斯坦在《物理学年鉴》上发表了他的新论文《广义相对论基础》，从而使他的相对论的研究可以暂时告一段落了。

# 提出广义相对论

在狭义相对论发表以后，爱因斯坦科学研究的主流就在于探索更广泛的理论，这就是广义相对论。但是这个理论只局限于彼此做相对运动的参考系，而不能用于参考系的一般运动。他力图突破这种限制，设法解决在一般情况中的相对论问题。

1907年约翰·斯塔克要爱因斯坦为《放射学和电子学年鉴》写一篇关于狭义相对论的专题论文。在写这篇文章时，他忽然想到，几乎所有自然规律都可以在狭义相对论的框架内加以讨论，而唯独引力定律不行。

最令他不满意的是，虽然狭义相对论对惯性和能量之间的关系已经作了明确的阐述，但是对惯性和重量或引力场能量之间的关系并没有阐述清楚。他意识到这个问题不可能在狭义相对论的框架内得到解决。如何下手呢？

这时，他想到了老朋友格罗斯曼，那位很有名气的数学家，恐怕只有借助于老友的帮忙，自己的设想才会在现实中被找出来。

两个好朋友，把物理和数学两方面的知识结合一起，终于又有了新的发现。

引力实际上是不存在的，两个物体之间被人们称为引力的作用，其实只是物理作用使物体的周围空间发生了弯曲，从而对另一个运动的物体产生了作用。

这就是爱因斯坦的广义相对论的总体内容。

为了能够说服人，爱因斯坦特意举了一个例子，以证明引力的存在只是人们的一种误解。

假设一只球在桌面上滚动着，如果它的运动前方有一个凹下去的小坑，球就会转向小坑，运动路线就会发生改变。可是，这是我们站在桌子旁观察这一细节。

倘若人们这时是在桌子的正上方来观察这一现象，也许是无法看到桌子上的小坑的，可是忽然发现球的运动路线发生了改变，人们自然就会想到是什么改变了球的路线。

1913 年夏天，爱因斯坦邀请居里夫人一家人，到安卡丁奴的山谷旅行。

居里夫人的两个女儿和爱因斯坦的小儿子，在最前面蹦蹦跳跳地走着。稍后几步，爱因斯坦用那充满灵感的声音，把在他脑际里盘旋着的概念，说给居里夫人听。居里夫人是全欧洲能了解他的理论的少数人士之一。

孩子们有时候也竖起耳朵，听着那些不懂的术语。爱因斯坦边走边专心地思考着，他走过悬崖的边端，攀上矗立的岩壁。

他忽然站住，握着居里夫人的手，大声地叫："夫人，你明白了吧！问题是在于当电梯在真空中掉落时，在乘客身上所发生的变化呀。"

在真空中掉落的电梯？孩子们听了这种奇妙的话，不禁哈哈大笑起来。不过，孩子们自然不知道，解开"广义相对论"的关键就在这里。

1905 年发表的相对论，附有一个条件，那就是："以互相等速运动的两个世界为条件。"因此，给它取名叫作"特殊相对论"，又称"狭义相对论"。

那么，在有加速度的世界，那又怎么样呢？爱因斯坦本来就对他自己的相对论感到不满。他很担心，对于有关重力的事情，一点儿也没有着手研究。不附那个条件的"广义相对论"，难道不能成立吗？这个问题不时地令他伤透脑筋。

　　有一天，他听到一个从很高的建筑物上摔下来而毫发无损的工人说，当他摔下来的时候并没有感到重力。这句话使他有所领悟。自那以后，他又下了很多功夫。

　　从安卡丁奴的山谷旅行后，他向好友数学教授毕克说："我的相对论已出现一道曙光了。"

　　"那么，仍旧是重力的问题吧？"毕克问道。

　　"是的，假定这里有很长的电梯，而我就在那里。现在它的钢索忽然断了，我会变成怎么样呢？"

　　"当然，你将和电梯一同坠下来，所以，你在电梯上不能站稳。"

　　"对。这时候我丢下手帕，在电梯外面的人看来，电梯、人、手帕都一样地向下降落。降落的速度和重量没有关系，所以，都以同样的速度降落。"

　　"另一方面，在电梯里的我，是摇摆不定的，手帕也不会落在地上，只停留在我放手的那个地方。因为我不晓得电梯正在降落，会以为这里怎么失去了重力。假如轻轻地推那停留在空间的手帕，它就顺着那个方向，一直运动，直到碰到墙壁才停止。"

　　"这真是有趣的想法。你想给它们加上相等的重力，而使它们在这个世界内做着加速度运动，也具有相对性，是吧？"

　　"不错，在电梯里的我一点儿也不知道，我到底是在重力场，或者是在毫无重力的大气中。电梯即使是浮在毫无重力作用的所谓'绝对静止的空间'中，里面的状态还是一样。"

　　"有道理。"

　　"再假定在电梯的顶端系上钢索，用和重力的加速度同样的力量往上拉。那么，外面的人会怎么说呢？一定是说：'呀，电梯上升了。'但在里面的人一定说：'我在电梯里面，站稳双脚，取出手帕丢下，它就会落在地上。"

　　"你讲得很有道理。在电梯里面的人，没有发觉是电梯开动了，

满以为是自己的身体产生了重量。"

"是啊。因为没有一点证据可以认定电梯已经开动。只是就像我们在地球上一样的，身体有重量，丢下手帕也会掉落在地上。换一句话说，由于这个电梯的实验，可以说明牛顿所谓两个质量：惰性的质量与重量的质量是完全相同的理论。"

"那么，在那个电梯的世界里，光的传导的法则，又是怎么样的呢？按照你的理论，光的速度是不变的吧？"

"是的。假定电梯有一个小洞，光线从那里水平地射进来。当光线照到对面的墙上之前，电梯会稍微升高，所以，光线必将照到对面墙上稍低于小洞高度的地方。

"我认为光和投掷皮球一样，都会由于重力的作用，而向下弯曲。"

"你说光会因重力而曲折？"

"是的。我想，重力也和光、电磁波一样，是从物体发出的'波'。我们已经能证明：电磁波是眼睛看不到的光，而它的粒子是以和光的粒子相同的速度运动着。重力也是一样，即使再快，要作用到对方，一定要经过一些时间才行的。"

"这真是惊人的、革命性的理论。听到你的说明，觉得很有道理，不过，假如有方法能证明就好了。"毕克叹口气。

爱因斯坦接着答道："证明的方法是有的。只要在天空因日食而转黑时，拍太阳附近的照片来看就行。星光通过太阳旁边时，由于太阳的重力关系，光所经过的路程一定是弯曲的。"

爱因斯坦在维也纳的物理医学大会上发表这个理论的时候，有赞成的，也有反对的。经过激烈的辩论之后，爱因斯坦作了断然的结论："希望在明年日食的时候，拍摄星球的照片，来验证我的理论是否正确。根据我的计算，光曲折的角度是 0.83 弧度。"

1915 年，爱因斯坦还运用自己的广义相对论，成功地解释了水星运动近日点的运动问题，这是大科学家牛顿一直没能解释清楚的一个大问题。

战争的烟火，没有使爱因斯坦停止他科学研究的脚步，八年的刻苦努力，终于锤炼成了广义相对论。

广义相对论的出现，使得人们对于引力又有了新的认识。它不仅带来了科学史上伟大的革命，甚至在人类的思想史上也是最伟大的成就——它揭示了时空是物质及运动的存在形式的新观念，彻底地改变了人们的自然世界观。

广义相对论问世后，爱因斯坦的科学研究的脚步并没有停止。

当时在柏林大学，人们对于爱因斯坦分为两种态度：

一些人讥讽和嫉妒他：一个衣冠不整、不足以为人师表的人，只会滔滔不绝地给学生们讲述一些课本上也没见过的东西的人，他凭什么拿着高薪，而且还不断被人捧上天。

另一些人则是赞誉他的：他是一个一点架子都没有的人，他对待任何人都是一样的，而且他喜欢毫不保留地向人们讲起自己的科学研究。

根据自己的广义相对论，爱因斯坦又一次想起了童年时代的一个梦想，在茫茫的宇宙里，究竟是一个什么样子呢？

于是，根据广义相对论，爱因斯坦又开始了对宇宙世界的研究。

不久，他提出了一个有限无边的静态宇宙模型的观点。

静态，即宇宙空间的物质分布都是均匀的，无论从哪里看宇宙，都是相同的。

有限无边，排除了天国之类的东西，却又是圆浑浑的一片，没有边界。

后来的事实证明，爱因斯坦的这一结论是错误的，可是他的研究态度和方法却是正确的。正是在他的宇宙学提出后，后世的学者们纷纷建立了许多不同的宇宙学体系，从而产生了一门新的学科——代宇宙学。

因此，时至今日我们不得不承认，人类的宇宙学研究，是从爱因斯坦那里开始起步的。

1918 年，德国投降了，从而也正式标志着第一次世界大战结束。爱因斯坦回首战时的日子，他的心情已经能够平静下来了。

战时他并没有虚度一分光阴，他为争取和平曾积极奔走。因为没能得以实现，他只好把自己的全部精力又投入到自己的科学研究中去了，结果，他成功了。

广义相对论的提出，使他更加为世人所瞩目了。

早在 1905 年，爱因斯坦发表他的狭义相对论时，他就向那些不相信自己的人宣布：

"只要有日食，就会发现星体是转动的。"

于是，许多不相信这一说法的人一直都在寻找机会能够验证一下。

可是，许多即将到来的机会，都在一瞬间又消失了。

1912 年，一支阿根廷的远征队曾经准备检验光的弯曲度，却由于连遇阴雨天，只好取消了试验计划。

1914 年的夏季，一支德国远征军准备去观察日食，却由于战争的来临而放弃了考察计划。

1916 年，一位美国人观察了日食，却没有得到任何结果。

1916 年的春天，英国剑桥大学的爱丁顿教授得到了一份《广义相对论基础》，作为天文学家，爱丁顿教授十分重视这篇文章，英国皇家天文学会特意进行了刊载。在英国科学界，第一次听说有人向牛顿的万有引力发出挑战，科学家们对此议论纷纷。

"牛顿的万有引力定律已经诞生了两个多世纪，今天，却有一位德国科学家出来否定它了。"

"是战争的阴谋吗？""德国人难道也想从科学界打击我们吗？"

科学界的许多人对于爱因斯坦的理论都持有一定的怀疑态度，特别是由于两国正处于交战时期，许多科学家对于爱因斯坦的理论都没有多大的兴趣。

但是，爱丁顿教授也是一位积极的反战主义者，作为自然科学家，他相信爱因斯坦的理论。

在他的热情倡导下，皇家天文学会决定组织观测筹备委员会，等待下次日食出现时，派遣远征队前去观测。

1918年，战争停止了，英国皇家学会正式成立了日食观测远征队，准备派出两支队伍，分别去非洲西部和南美洲的索布拉尔进行观测，这一次，爱丁顿教授决定亲自担任赴非加帕力普林西比岛的远征队的队长，亲自进行验证。

1919年春天，经过多方面的准备工作后，英国的两支天文远征队起航了。

许多人断言，爱丁顿是个疯子，竟然轻易去相信一个外国人的话，他一定不会成功的。

爱丁顿教授对此只是付之一笑，无论爱因斯坦的理论是否成功，观测后至少能够弄明白，牛顿和爱因斯坦两个大科学家，谁的理论能够站得住脚呢？

无论如何，都应该去尝试一下才好，爱丁顿教授下定了决心。1919年4月23日，爱丁顿率领的远征队顺利到达了普林西比岛，由于距离日食的观测日期5月29日已经没有几天了。爱丁顿教授立即组织队员们投入了紧张的工作中。

搭好了帐篷，架上望远镜，调好视距，试拍照片，一切准备工作都忙中有序地完成了。

人们焦急地盼望着5月29日快点到来，到时候一切就可以真相大白了。

可是天并不遂人愿，到了这一天，一大早天空就阴云密布，不但没有晴天的样子，不一会儿还下起了倾盆大雨。

爱丁顿教授此刻在帐篷中再也坐不住了，难道老天也会这么残酷吗？自己顶住了各方面的反对意见，终于争取到了政府对于自己观测的赞同，随后又急忙来到这里，二十几天的紧张准备，就是为了这一天，可是……

有些队员开始抱怨起来了。

"放着家中的好日子不过，来这里干什么啊！"

"别听德国人瞎吹，上帝都不信他的，否则怎么偏偏今天下雨呢！"

爱丁顿此刻毫无心情去理会人们的那些难听的话，他一直在心中默默地做着打算，无论如何，一定要拍摄一些照片回去，要争取每一分钟有可能出现的瞬间。

好在下午时，雨总算停了下来，只是阴云还是没有散去，月亮渐渐升起，遮住了太阳，在它的周围形成了一个亮圈，一片朦胧和静寂。

星星呢？星星在哪里？

爱丁顿焦急地盼望着。

无论如何，拍摄计划应该照常进行，爱丁顿教授命令助手们把镜头对准了夜空，一张，两张，在拍了十几张片子后，爱丁顿教授似乎看见在淡淡的云彩后面，露出了几颗亮晶晶的星星。

"快拍，千万别放过这个机会啊！"爱丁顿教授总算松了一口气，无论如何，也许会有一点收获的。

拍摄完毕后，爱丁顿教授的心情再也无法安定下来了，他决定连夜冲出底片，看一下是否拍到了自己需要的东西。

第一张，照片上只是一个白色的球。

第二张，一片模糊的黑团。

最后一张出来了，灰色的天幕上，紧挨着太阳，有了几个清晰的黑点。

太好了，结果终于出来了！

爱丁顿教授是一个非常谨慎的人，他小心地收起了这张珍贵的照片，没有大肆张扬。此刻，拍摄任务已经结束，他只是希望立刻返回伦敦，会同另一支队伍拍到的照片，那时恐怕才能得出一个肯定的结果。

幸好，在那个特殊的日子里，远征索布拉尔的另一支远征队遇到了一个晴天，顺利地拍摄了一组清晰的照片。

爱丁顿教授坐下来，认真地观察了那组照片。太阳的周围分布着十几颗星星，可以十分明显地看出，星星们明显向外偏转了一个角度。

是的，没有什么让人不相信的，爱因斯坦的理论是完全正确的，爱丁顿教授确信。

1919年11月6日下午，这个日子是不能让人轻易忘记的。

就在这一天，英国皇家学会和皇家天文学会在伦敦举行了联合会议，听了远征队归来后的观测报告，英国科学界举足轻重的人物都出席了这次会议，人们怀着激动的心情，期待着一个盼望了很久的结果。

皇家学会会长、电子的发现者汤姆逊教授站起来向大会致辞，在他的身后，是一张巨幅的牛顿画像，汤姆逊庄严的声音响了起来：

今天，我要把一个令人振奋的消息在这里告诉大家，爱因斯坦的相对论是人类思想史上最伟大的成就。

相对论对于引力的解释是正确的，我们的实际观测已经证实了这一点，我们一定要把它告诉世人，我想，这也是我们的先驱牛顿教授所期盼的。

英国科学界这一振奋人心的消息很快就传到了德国，爱因斯坦听说后，心情也十分的激动。

科学是永远没有国界的，它造福的永远是全世界的每一个角落。

1919 年 11 月 7 日开始，爱因斯坦成了欧洲各大报纸上的焦点人物了，尽管当时，没有几个人真正懂得广义相对论的内涵，只是媒体的力量，使他成为一个人尽皆知的热点人物。

伦敦的《泰晤士报》上高呼：

牛顿的理论被彻底推翻了，剑桥将不再辉煌。

柏林的《柏林画报》上则写道：

世界历史上的新伟人，当属阿尔伯特·爱因斯坦。

总之，爱因斯坦在一夜中成了令人瞩目的伟人，许多国家都发来了热情的邀请信，请他去那里访问演讲，国内的大学，更是各争风骚，爱因斯坦的演讲会，总是会挤得水泄不通。

其实，在众多的听众中，并非全是学术界中那些渴望知识的人，许多人只是想赶一个时髦，凑凑热闹，同时顺便一睹这位震惊大地的世界伟人的尊容，至于讲些什么，那就不是他们感兴趣的啦。

令人意外的是，英国的《泰晤士报》对于爱因斯坦的宣传是超乎寻常的，不仅每天的头版都在刊登着有关相对论的内容，副版上还连载登出了标题为《相对论发现者的传奇经历》，文中大肆渲染他早年就已离开德国，加入瑞典国籍的奇特经历。

许多人为此纷纷预言：新时代将是一个和平的年代。德国科学家的预言，却被英国科学家们在事实面前给验证了，不久以前，两个敌对的国家还在炮火相交呢，可是今天它们的科学家已经站在同一战线上了。难道这不是一个和平的信号吗？

为了感谢英国天文学家及科学界的真诚，爱因斯坦接受了《泰晤士报》的专访，借此机会表达了他对英国人的感谢之情：

我十分感谢英国科学界耗费了大量的时间和金钱，验证了我的理论，你们对于科学的求真精神，是我所深深敬佩的，如果没有你们今天的工作，也许我的有生之年很难看到我的理论得到有力验证的一天。

因此，我万分地感谢你们，科学永远是没有国界的。

最后，我还想对新闻界说的是，你们的报纸上关于我个人生活的某些报道，是一种完全的离奇想象，读者们看完后，就当作一个笑话罢了，今天我被你们称为"瑞士的犹太人"，可是有一天在我成为一个不被欢迎的人时，恐怕我得被称为"一个讨厌的德国人"了！

在如此巨大的荣誉面前，爱因斯坦是十分高兴的。但是，爱因斯坦又是善良的、冷静的，这一切并没有改变他，他没有力量去改变外面的世界，在巨大的荣誉面前，在众多的阿谀奉承面前，他从未改变自己的一切。

他仍然是一身极其简朴的打扮，嘴里叼着他的大烟斗，对于以前的朋友，他仍然一如既往笑脸相迎。

一切虚荣的东西都不能改变他，他仍然是那个喜欢独自思索，显得有点离群索居，却又和蔼善良的爱因斯坦，没有人会改变他，没有什么事会改变他。在科学界，他那优秀的人格魅力影响了一代又一代后继之人，被人广为传颂。

# 晚年的贡献

对一个人来说，所期望的不是别的，而仅仅是他能全力以赴和献身于一种美好的事业。

—— 爱因斯坦

# 发明新的原理

爱因斯坦在他人生的最后20年，在物理学中取得了哪些巨大成就呢？他在20年中的研究工作集中在两个主要的方面：一个是统一场论的建立，实际上是相对论的继续；另一个是对量子力学的正确解释。

1935年9月，爱因斯坦同波多尔斯基和罗森合作，发表向哥本哈根学派挑战的量子力学论文，宣称哥本哈根学派的量子力学对实在的描述是不完备的。

1936年，爱因斯坦开始同英费尔德和霍夫曼合作，研究广义相对论的运动问题。

1937年3月至9月，爱因斯坦与英费尔德合作编写《物理学的进化》。

1937年6月，爱因斯坦同英费尔德和霍夫曼合作完成论文《引力方程和运动问题》，从广义相对论的场方程推导出运动方程。

1938年，爱因斯坦同英格曼合写论文《卡鲁查电学理论的推广》。

1940年5月15日，爱因斯坦发表论文《关于理论物理学基础的考察》。

1948年8月，爱因斯坦发表《量子力学和实在》。

1950年4月，爱因斯坦发表《关于广义引力论》。这篇论文，总结了爱因斯坦自1922年发表第一篇统一场论的论文以来长达28年的统一场论的研究。

1952年4月，爱因斯坦发表《关于一些基本概论的绪论》和

《相对论和空间问题》。

1953 年 5 月 20 日，爱因斯坦发表关于量子力学解释的论文。

1953 年 5 月，爱因斯坦发表《"空间概念"序》。

1954 年 11 月，爱因斯坦完成《非对称的相对论性理论》。

这是他继 1905 年的《论动体的电动力学》、1916 年的《广义相对论基础》这两部划时代的文献之后，第三部最主要的科学文献。

这是他长期为宇宙中存在的两个独立的场——电磁场和引力场去寻找一个最终的统一形式而做的艰难探索的成果，是他后半生中最重要的理论巨著。

爱因斯坦在他当年的信中说：

统一场论现在已经完成。虽然我付出了全部心血，还是不能用任何办法去验证它。这种状况将长年累月地持续下去。因为数学上的困难不容许赋予它以单值的评价的形式。何况物理学家们不理会逻辑的和哲学的论据。

不过，对于爱因斯坦毕生追求的终极目标：建立起一个能够统一宇宙中所有已知的力的综合数学框架，而且可以解释一切基本粒子的存在和性质，推导出一切重要的自然常数，并将相对论和量子力学最终结合在一起的这样一个"解释世界的理论"或"整个物理学的基本理论"来说，这篇论文还远不是最后的完满的结果。

直到爱因斯坦去世之前，他的这个理想也没有最后完成。在他去世的前一天，他还叫他的助手把大统一理论的最后计算结果拿到他的病床边来。

他最终未能完成大统一理论、实现他的理想，并不是因为他的智慧和能力不够，而是由于时代的限制。

他生活和工作的年代还是在 20 世纪的前半个世纪，那时人类拥有的科学技术手段还根本不可能对自然界最深的奥秘，特别是对宇宙深处星球的奥秘和原子内部粒子的奥秘这两项最重要的自然奥秘进行更深层次的开掘，人类对宇宙和原子核内部奥秘的了解还非常肤浅。

因此，尽管爱因斯坦具有超人的对于事物的洞察能力和预见能力，但他毕竟还是一个人，他无法超越他的时代，无法用他的理论去预知一个完全未知的世界。

在他后半生中一直为之奋斗的伟大的统一场论，包括对他在普林斯顿最后22年的全部物理学研究工作的评价，都曾经在很长一段时间里遭受人们的误解和不公正的冷遇，有时甚至还有嘲笑。

在很长一段时间里，他自己曾经参加创建的量子力学成为了物理学发展的主流，而他追求的统一场论则被看成是虚幻的梦想。最后他虽然完成了他的统一场论理论，但也只是纯数学计算，难以取得实验验证。

当时以波尔、海森堡以及狄拉克等伟大的物理学家为代表的近代量子力学，在物理学所有领域中几乎是无往而不胜。

狄拉克甚至大胆地预言：量子力学可以使全部化学简化为一组数学方程！它几乎在40多年里主宰了物理学的进程。

爱因斯坦几乎是孤独一人站在反对的一面。他并不是全盘否定他自己曾经亲自参与创建的量子理论，他否定的只是量子力学在后期发展中所具有的几个他不能接受的问题。

爱因斯坦对自己在物理学界的孤立状态并不在乎，他在给朋友的一封信中嘲弄地写道："我在我的同事们的眼中成了一个顽固的异教徒。"然而这并不能使他有所动摇。随着历史的进程，随着物理学在近二三十年中在天体宇宙学和原子内部粒子理论上的飞速发展，人们终于发现：

量子力学本身并不是一个完备的理论，只是当物理学家用它来分析速度远比光速小的现象时才是有效的。

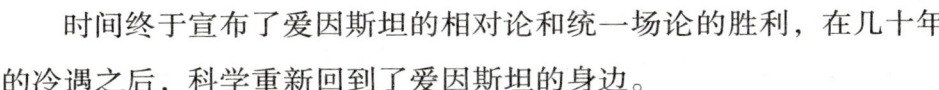

时间终于宣布了爱因斯坦的相对论和统一场论的胜利，在几十年的冷遇之后，科学重新回到了爱因斯坦的身边。

但是整个世界的物理学家对这个新理论感到如此兴奋的根本原因还在于：它看来能最终解决也许是本世纪最为重要的科学问题，即爱因斯坦梦想和追求的是如何将自然界已知的各种力统一到一个综合的理论中。

现在正在发展的大统一理论，已经实现电磁力、弱核作用力和强核作用力这三种自然力的统一。

现在的物理学已经比历史上的任何时期更加接近爱因斯坦的梦想。

爱因斯坦在晚年一个人孤立地面对整个物理学界时，没有丝毫的动摇和退缩，始终坚信他的统一场论是正确的，是达到整个宇宙的和谐的必经之途。

正因为如此，虽然他已经逝世了半个多世纪，可是他的名声至今不衰。如果要进行一次有史以来对人类贡献最大的 100 人评选，包括古往今来一切著名的文学家、艺术家、科学家、政治学、军事家，排在第一名的必然是爱因斯坦。

1919 年，爱因斯坦 9 岁的小儿子爱德华问父亲：

"爸爸，你到底为什么这样出名？"

爱因斯坦笑了，然后亦庄亦谐地对儿子解释道：

你看见没有，当盲目的甲壳虫沿着球面爬行的时候，它没有发现它爬过的路径是弯的，而我有幸发现了这一点。

爱德华听懂了比喻本身，但他不理解其中的含义。这其中的含义，只有物理学界的精英们才体会得到。

从 1905 年到 1915 年，爱因斯坦花费了他一生中最有创造力的 10

年时间，建立起广义相对论。

广义相对论的提出需要太多的才能，几乎超出一个平常人毕生所掌握的知识的无数倍。

人类不得不在大多数平庸的事实面前赞美那些伟大的天才，他们的才能实在让人惊叹。

在爱因斯坦的科学研究生涯中，任何一次失败都没使他丧失信心，但建立统一场论的艰难的确使他非常迷惑。他不得不以他独有的幽默自我解嘲："上帝精明，但无恶意。"

对爱因斯坦来说，"上帝精明，但无恶意"不仅意味着世界的和谐存在，也意味着建立统一场论的必要性和原则上的可靠性，他对这一点毫不怀疑。爱因斯坦常说："也许，上帝毕竟怀有一点恶意？"

在他对能成功解决问题产生怀疑后，他更加相信这种"恶意"在冥冥中控制着什么。只是越到后来，这种希望越渺茫，他的工作劲头反而越大。

1942年春，爱因斯坦写信给自己的医生朋友汉斯·缪扎姆，说：

我成了孤独的老光棍，我之所以出名主要是因为出门不穿袜子。但是，我比过去更加狂热地工作，满怀着希望想解决我的老问题，即统一物理场的问题。

两年之后，他又给缪扎姆写信：

也许，我命中注定还要知道我是否有权相信自己的方程。这只不过是一种希望，因为每一个方案都牵涉巨大的数学难题。尽管良心受到谴责并且自己有良好的愿望，但我好久都没给您写信了，因为数学上的烦恼使我备受煎熬，而我又不能摆脱。我现在任何地方都不去，我要珍惜时间，直到把一切结束之后。您瞧，我要成了一个守财奴。在清醒的时刻，我意识到，这种对时间的吝啬是病态的和愚蠢的。

爱因斯坦认为，在科学生涯中，一个人被工作弄得神魂颠倒直至生命最后一息，这是一种幸运，因为他可避开世人的荒唐和愚蠢所带来的痛苦。他一生努力从事真理的追求，因而得到安慰。

爱因斯坦认为建造科学殿堂的科学家，他们大多是相当怪僻、沉默寡言和孤独的人。他还说："首先我同意叔本华所说的，把人们引向艺术和科学的最强烈动机之一，是要逃避日常生活中令人厌恶的粗俗和使人绝望的沉闷，是要摆脱人们自己反复无常的欲望的桎梏。

"一个修养有素的人总是渴望逃避个人生活而进入客观知觉和思维的世界；这种愿望好比城市里的人渴望逃避喧嚣拥挤的环境，而到高山上去享受幽静的生活。在那里，透过清新的空气，可以自由地眺望，陶醉于那似乎是为永恒设计的宁静景色。"

爱因斯坦感受到孤独的愉悦。他对宁静的向往是与科学探索，与他那崇高的追求真理的信念联系在一起的。因此这种宁静与寂寞不是沉闷、空虚，而是充实、积极进取。在这种幽静与纯洁中，他可以自由地眺望那科学的圣殿，可以陶醉于为永恒而设计的宁静景色。

爱因斯坦的科学探索之路是孤寂的。他在创建狭义相对论、光量子理论以及对分子运动论进行探讨时，虽然说研究课题和目标在当时属于物理学研究的主流，但他走的是自己开创的道路，他探讨使用的是自己创造的方法，仍然是一条孤寂地走向成功的道路。

他在创建广义相对论时，这种情形更加明显，连题目和目标都是当时的科学界所未曾关注与留意的，唯有他一个人孑然前行，创造了新的成就，引起了思想界学术界的极大震动。

爱因斯坦的前半生在孤寂的探索之路上不懈追求、前进，取得了辉煌成就。而他的后半生，他所确立的科学研究，就是建立统一场论，这使他更加孤独，可以说是一种偏僻而又寂寞的道路。

在建立统一场论的探索中，他处于一种完全的离群索居、独立拼搏的状态。

当时的物理学界正在量子力学的方向上冲锋陷阵，爱因斯坦一个人在艰难中付出了后半生30余年的精力，其孤寂更甚于没有任何成就来给予支撑。连他自己也说："我只有把自己禁锢在完全无望的科学问题中去了。"

爱因斯坦是一个天才，是一个寂寞的天才，尽管伴随着他的成功，有着无数的鲜花和赞颂，但他一概摒弃。

# 让好奇心放出光芒

爱因斯坦认为：我们所能有的最美好的经验是奥秘的经验。它是坚守在真正艺术和真正科学发源地上的基本感情。谁要是体验不到它，要是不再有好奇心也不再有惊讶的感觉，他就无异于行尸走肉，他的眼睛是模糊不清的。

爱因斯坦以自己的亲身体验，以自己终生的对科学的探索，为好奇心在科学方法论中争得了应有的地位。

爱因斯坦幼小时好奇，老年时还好奇，好奇心伴随了他的一生，成为他十分偏好的一种心理状态。他读安东·赖塞写的《爱因斯坦传》，主要是为了满足自己的好奇心，想看看自己在别人心目中的形象。

在古稀之年，索洛文所收集的和讲述的关于赫拉克利特的东西，又使他感到好奇。如果说不知道爱因斯坦怎样看待好奇心就不能全面理解爱因斯坦和他的科学、哲学，那是绝不过分的。

爱因斯坦喜欢看的《关于指南针的故事》和一本《神圣几何学小书》的书。指南针和几何书引起了幼小的爱因斯坦心灵的震颤，甚至影响到他日后的科学生涯。

当爱因斯坦74岁时，记者采访他时提出了一份书面的提问单，第一个问题就是："据说你在5岁时由于一个指南针，12岁时由于一本欧几里得几何学而受到决定性的影响。这些东西对你一生的工作果真有过影响吗？"

爱因斯坦在记者招待会上肯定地回答："我自己是这样想的。我相信这些外界的影响对我的发展确实有重大的影响。但是人们很少洞察到我内心所发生的事情。"

爱因斯坦的秘书杜卡斯和助手霍夫曼在档案中发现了一个材料，那是 1936 年 5 月 26 日爱因斯坦对提问的回答，其中已谈道："一个小小的指南针在我身上产生的不可磨灭的印象，无疑在我一生中起了作用。"

爱因斯坦到瑞士阿劳中学读书时，碰巧寄宿在一位非常热情的教师约斯特·温特勒家里。他的"神圣好奇心"受到了来自两个方面的鼓舞：一方面是那所中学里令人耳目一新的自由精神，另一方面就是温特勒的亲切照顾。这种氛围的存在使得 16 岁的爱因斯坦感到既惊奇又愉快。

而那个著名的"追光波跑"的思想实验正是在这时产生的。霍夫曼在研究幼年爱因斯坦成长的道路时说："关键是'自学'，这同他的强烈的好奇心以及他的惊奇感联系在一起，就有了决定性的意义。"

爱因斯坦根据自己的亲身体验和自己科学生涯的证明，还对好奇心作出了理论分析。在爱因斯坦看来，好奇心是科学创造的出发点、动机和推动力，实际上这些作用是好奇心对科学研究仅有的。

爱因斯坦提出，做同样的工作，它的出发点，可以是恐怖和强制，可以是追求威信和荣誉的好胜心，也可以是对对象的诚挚的兴趣和追求真理与理解的急切愿望，而这也可以是好奇心。

那么对科学创造来说，好奇心乃是一个必要的出发点和动机。举例来说，爱因斯坦认为，人类世界的可理解性或可知性本身就是一个奇迹，那么，对于认知对象的诚挚兴趣和理解的愿望，以及追求真理、追求理解的愿望，就与好奇心难以分离了。

爱因斯坦认为，好奇心是科学工作者产生无穷的毅力和耐心的源泉。好奇心作为一种心理力量积极地给予科学家精神刺激。它使得成功的信心在遭遇失败时毫不动摇，使勤奋努力的探索能持之以恒。

　　只要好奇心这种心理能量的火花不灭，支撑科学探索运行的能源就不会枯竭。爱因斯坦为科学贡献了自己的一生，好奇心亦伴随了他一生。他对世界和谐、统一的规律的敬畏和好奇使得他能经受自己科研工作和社会上接二连三的打击。

　　爱因斯坦曾经提过这样一个问题：为什么我们有时会完全自发地对某一经验感到惊奇呢？他自己回答说："这种惊奇似乎只是当经验同我们的充分固定的概念世界有冲突时才会发生。

　　"当一只小狗第一次看到指南针时，它不会惊奇，对许多小孩也是如此。凡是人从小就看到的事情，不会在心里产生惊奇的反应。"

　　在爱因斯坦看来，好奇心与惊奇感是相联系的。在世界壮丽结构的可认识上表现出好奇心，而好奇心引起惊奇感，这种心理感受与疑问同时伴随而生。

　　疑问产生问题，因而，正是好奇心激发和引导科学研究者去思考问题。怀疑、问题、好奇心和惊奇感在认识领域总是相联系的。爱因斯坦强调好奇心的影响，与他赞赏科学上的怀疑精神和重视发现问题是一致的。

　　在爱因斯坦看来，提出一个新问题意味着开拓新思路，发现新的可能性。这是科学探索真正进步的标志。

　　爱因斯坦坦诚地说过这样的话：

　　　　我很清楚，我本人没有特殊的天才。好奇心、专心一致和顽强的耐心，结合自我批评的精神，这些给我带来了我的概念。关于特别强的思维能力，我是没有的，就是有，也只是中等的程度。有许多人的思维能力，比我强许多，但未做出任何惊人的事业。

　　在爱因斯坦看来，日常经验水平、科学推理水平和好奇水平是我们丰富世界所包括的三种水平。正是这三种水平的高度特殊性使他成为了一个划时代意义的大科学家、大哲学家。

按照爱因斯坦的看法，好奇心是神圣的、是天赋的，凡是健康儿童都具有。好奇心好比一株脆弱幼苗，很可能过早衰退、枯萎甚至被扼杀。爱因斯坦结合自己的经历，曾经在著名的《自述》中抨击他幼年时的教育制度。认为教师只管灌输，学生为了考试，不论愿意与否，不论什么都通通往自己脑袋里塞。他写道：

> 无论多好的食物强迫吃下去，总有一天会把胃口和肚子搞坏的，纯真的好奇心的火花会渐渐地熄灭。

那么好奇心的火花怎样才能不断地放射出光芒呢？爱因斯坦回顾自己一生的道路，提出了两条，其中一条是鼓励，鼓励是必需的条件之一。他写道：

> 除了需要鼓励以外，主要需要自由。没有自由，它不可避免地会夭折，认为用强制和责任感就能增进观察和探索的兴趣，那是一种严重的错误。

# 不迷信于权威

在爱因斯坦成为一个举世闻名而又备受赞颂的人之后，他曾经这样表述过自己的心情："我自己受到了人们过分的赞扬和尊敬，这不是由于我自己的过错，也并不是由于我自己的功劳，而实在是一种命运的嘲弄。""这就是我们经历过的命运，把公众对于我的能力和成就的估计同实际情况做个对照，简直荒诞得可笑。"

在爱因斯坦看来，苦和甜都来自外界，坚强则来自内心，并且来自一个人的自我努力。"我所做的绝大部分的事情都是我自己的本性驱使我这么去做的。它居然会得到那么多的尊重，这些都是使我深深感到不安的原因。"

因为爱因斯坦始终认为：

> 在这个世界上能够得到优厚天赋的人是很多的，而我也深深地相信，他们中的大多数的人过的是淡泊的、不引人注目的生活。如果想要在这些人中间挑出几个，加以无止境的赞颂，认为他们的思想和品质具有超人的力量，我觉得这是不公正的，甚至是低级趣味的。

正是这样，爱因斯坦在荣誉面前不无嘲弄地说：为了惩罚我蔑视权威，命运竟使我自己成为一个权威。

爱因斯坦曾经不止一次地以离经叛道来描绘自己。1936年的时候，他在给格罗斯曼夫人的信中说到自己是"一个离经叛道的和好梦想的人"。在爱因斯坦逝世前一个月还说自己是"流浪汉和离经叛道

爱因斯坦·晚年的贡献

的怪人"。

"离经叛道"这个词语几乎刻画了爱因斯坦的整个科学探索的全历程。爱因斯坦的离经叛道与蔑视权威是紧密相连的。因为他离经叛道，所以他能够对经典常规实施超越；他蔑视权威，所以他能够背离现实传统。这也成就了爱因斯坦，让他成为了一个与众不同的科学家。

而且他的蔑视权威和离经叛道是站稳脚跟，拥有成果，开创新领域，作出新的贡献，因而对旧的传统的否定和新的理论的创造在爱因斯坦身上融为一体。

在爱因斯坦年轻的时候，牛顿力学、洛伦兹的电磁理论、光波动说分别在各个领域中居于统治地位，支配着人们的思想。

爱因斯坦这种大胆的设定和叛逆的思想，连洛伦兹本人也望而却步。

光波动学说占据统治地位一百多年，爱因斯坦提出光量子概念，勇敢地向光波动学说挑战。当时他的工作遭到普遍的反对，连量子学说的创立人普朗克也并不赞成。

爱因斯坦提出科学假设的胆略之大，真是令人望而生畏。在爱因斯坦的那个时代，普朗克和洛伦兹要算是最能接受新事物的著名科学家了。

但是，连普朗克和洛伦兹也认为爱因斯坦走得太远。爱因斯坦总是不满足，总是在探索，总是能够提出新的问题，这就是爱因斯坦对真理的不断追求。在爱因斯坦70岁生日时他还葆有这种对科学的不满足的心情。在他自己看来，一个诚实的人，一个具有批判精神的人，葆有这种心情是一件很自然的事情。

爱因斯坦认为一个人有没有批判精神，他在人生价值这个天平上的分量是会大有差别的，他对人类进步所作出的贡献也会有根本的差异。正因为这是他的亲身体验，因此，他告诫青年人要发展批判的独立思考。他说：

> 青年人发展批判的独立思考，对于有价值的教育也是生命攸关的。

爱因斯坦的离经叛道，作为一种精神比他的物理成果对人类的意义更重大得多。成果总是有限的，而精神却能永恒。

真正理解爱因斯坦的价值，必须要像爱因斯坦理解《犹太教法典》的价值那样。他说：

> 一个人为人民最好的服务，是让他们去做某种提高思想境界的工作，并且由此间接地提高他们的思想境界。这些尤其适用于伟大的艺术家，在较小的程度上也同样适用于科学家。
>
> 当然，提高一个人的思想境界并且丰富其本性的，并不是科学研究的成果，而是追求理解的热情，是创造性的或者是领悟性的脑力劳动。因此，如果要从《犹太教法典》的知识成果的角度来判断这部法典是否具有价值，那肯定是不恰当的。

爱因斯坦所具有的批判精神使他创造了光辉的成就。

正如朗之万在向爱因斯坦致敬时所说的：

> 他很正确地把勇敢和智慧结合在一起；他具有这两种品质，但是他具有正是表明他的天才的那种明智的勇敢。他敢于正视困难，他并不为思想习惯、恐惧和偏见所拘束。正是这种精神，才使得他能够完成如此伟大的事业，并且在对于

世界的认识中给我们带来了如此深刻的变化。

　　爱因斯坦以做一个追求真理的人而自豪。他把追求真理和科学知识是神圣不可侵犯的高尚事业作为自己的信仰。他认为，欧洲知识分子的出色成就的基础，是思想自由和教学自由，是追求真理的愿望必须优先于其他一切愿望的原则。

　　爱因斯坦曾说："我们这份最有价值的财产，是用纯洁的伟大的殉道者的鲜血换取来的。"

　　爱因斯坦所说的自由是现代西方思想中的自由，正如他所解释的："我所理解的学术自由，是一个人有探求真理以及发表和讲授他认为正确的东西的权利。这种权利也包含着一种义务：一个人不应当隐瞒他已认识到是正确的东西的任何部分。"

　　爱因斯坦认为，对真理和知识的追求并为之奋斗，这是人的最高品质之一。

# 直觉铸就成功

爱因斯坦晚年在谈到自己创建狭义相对论时，他这样说道："在我看来，洛伦兹关于静态以太的基本假定是不能完全令人信服的，因为他所得出的对于麦克尔逊—莫雷实验的解释，我觉得是不自然的。直接引导我提出狭义相对论的，是由于我深信：物体在磁场中运动所感生的电动力，不过是一种电场罢了。但是我也受到了贝索实验结果以及光行差现象的指引。"

爱因斯坦在这里所提出的，引导他创建相对论的是直觉，而并非逻辑。相信一个结论或不相信另一个结论都不是基于逻辑论证，而是凭直觉。

爱因斯坦在悼念居里夫人时讲了这样一段话：

她一生中最伟大的科学功绩，是证明放射性元素的存在并把它们分离出来。所以能取得这样的功绩，不仅是靠着大胆的直觉，而且也靠着在难以想象的极端困难情况下工作的热情和顽强，这样的困难，在实验科学的历史中是罕见的。

在爱因斯坦看来，直觉既离不开经验，又离不开理解，直觉的依据在于"对经验的共鸣的理解"。

人们在进行认识时总要找联系，找区别，以求认识对象。在有些情况下，例如研究概念和命题之间或命题与命题之间的关系时，可以依靠逻辑方法来达到这个目的。

爱因斯坦认为，逻辑方法并非万能的；在逻辑方法不起作用的地方，或许正是直觉会发生有效作用。所以，直觉也在人们的认识活动中起作用，不过它具有与逻辑推理不同的特点。

爱因斯坦认为，要承认在一些情况下直觉具有寻找联系和区别的有效作用，这一作用对于单个的认识过程是如此，在科学的认识史上也是如此。

爱因斯坦在回顾他学生时代一定程度上忽视数学的原因时指出，显然是由于他在数学领域里的直觉力不够强，以至于不能把真正带有根本性的最重要的东西，同其余那些多少是可有可无的广博的知识可靠地区分开来。结果，面对数学的许多专门领域，他未能有效地加以选择，因而哪一个领域也没能深入进去。

在爱因斯坦看来，逻辑方法具有引导作用，直觉同样也具有这种作用。根据三段论法，命题之间有必然的联系。

爱因斯坦举了这么一个例子：如果所有的乌鸦都是黑色的，有一只鸟是乌鸦，那么不必看这只鸟的颜色，就知道它是黑的，这是逻辑的思维能力在发生效用。可是面对一只鸟，怎样将其与乌鸦这个概念相联系呢？他说，这只能依靠直觉，即使这只鸟的大小和颜色的深浅程度与别的乌鸦不一样，直觉也会告诉人们，这是一只乌鸦。在这里，直觉在认识过程中起引导作用是明显的。

爱因斯坦认为，通过直觉所领悟的就是感觉经验与概念、命题之间的不可少的联系，其中包括科学概念和日常生活的概念。"这种关系不像肉汤同肉的关系，而倒有点像衣帽间牌子上的号码同大衣的关系。"

爱因斯坦用这比喻来说明：概念对感觉经验在逻辑上有独立性，它们之间没有逻辑的依赖性，必须依靠直觉来建立联系。

正是因为直觉在爱因斯坦的理论中占有重要的位置，所以他总是注意在实际研究中发挥直觉的作用。即使直觉并未提供必要的效果，他也会想到直觉。当缺乏实验证据和逻辑理由的时候，在他看来，直觉就可以成为理由。正因为如此，爱因斯坦在同别人争辩不休时，他会说："我信任直觉。"

1931 年在同小洛克菲勒进行辩论时，1951 年在谈到量子力学的争论时，爱因斯坦都表示了这样的态度。

当然，直觉往往又具有不可靠性，它并不能引导人们达到必定的成功，这一点爱因斯坦也是懂得的。

1955 年，爱因斯坦在逝世前两个星期同美国科学家科恩有过一次谈话。谈话提到牛顿关于光学研究的直觉，爱因斯坦表示，这些直觉也许是很深奥的，但不是一定会有成效的。

说到历史研究时，爱因斯坦认为有一种内部的或直觉的历史，比有文献证明的外部的历史缺少客观性，尤其是要描述一个已经去世的人物的思想过程更是如此。但是，尽管它充满了危险但却是必需的，并且常常具有启发性。

爱因斯坦对直觉在创造性思维的认识效用上的推崇，并不简单是要说明他所获得的科学成就，而是创造物理理论时或多或少有意识地使用的方法，如果这种方法有效的话，那么它所具有的普遍性就必然有利于科学的研究。因此他说：

> 我们所关心的是，我们这门科学里的知识的两个不可分割的部分，即经验的知识和推理的知识之间的永恒对立。

这里所说的正是包括直觉在内的心理因素。

# 从数学走向辉煌

从儿时的罗盘，到代数，到几何，不要小看爱因斯坦在少儿时期的这些数学起步，正是从这些起步，爱因斯坦进行了人类科学史上最伟大的远航。

和其他许多实验物理学家不同的是：数学始终在爱因斯坦的研究工作中占据了主导的地位，发挥了不可估量的重要作用，它几乎是爱因斯坦在创建物理理论新体系时所运用的唯一工具。

爱因斯坦提出物理学上的新理论时，当时的一切数学手段已经无法适应，迫使爱因斯坦去寻找新的数学方法，或是将原有的数学方法加以完善，因而也就促进了数学的发展。而数学的发展反过来又推动了物理理论的进一步深化和完美。

就拿广义相对论来讲：从1909到1912年，爱因斯坦就一直在不断地思考，考虑如何为广义相对论的新的引力理论寻找一种适合的数学语言。

爱因斯坦后来回忆说：

我头脑中思考着这个问题，于1912年去寻找我的老同学格罗斯曼，那时他是苏黎世联邦工业大学的数学教授。这立即引起了他的兴趣。虽然作为一个纯数学家，他对物理学抱有一些怀疑态度。他查阅了文献并且很快发现：上面所提的数学问题早已经由黎曼、里奇等人解决了。全部发展是同高斯的曲面理论有关的。在这理论中，第一次系统地使用了广义坐标系。

黎曼是一位德国的数学家，他和里奇等人在19世纪中叶一起开创的非欧几何学，是离开欧几里得平面几何学而独立存在的空间几何学。

由于它距离这个现实世界过于遥远而且过于艰深，因而没有受到世人的瞩目。这就是经过爱因斯坦引用后现在已经变得十分著名的黎曼空间非欧几何。

爱因斯坦为找到了黎曼几何而喜出望外，并且发现它简直就是为广义相对论而存在的。他把黎曼张量运算并且加以完善，引入广义相对论，把平直空间张量运算扩广到弯曲黎曼空间，建立了引力的度规场理论。

爱因斯坦在广义相对论中第一次向世界阐明了引力的几何学理论，它已经成为人类科学史上最伟大的理论成就之一，而且被各国的科学家公认为是最伟大的科学成就。

最后还是通过几位在世界极具权威的科学家，如德国科学院院长、量子论创始者、诺贝尔奖金获得者普朗克等人的不断宣扬，也由于爱因斯坦自己指出的可对广义相对论加以验证的天文效应，在以后几年中都先后被天文观测所证明，特别是在1921年那次著名的日全食观测，证实了爱因斯坦关于恒星的光线在经过太阳表面的时候将要发生偏转的预言，而且星光偏转的角度完全符合广义相对论的计算结果，那是：1.7弧度。广义相对论就这样才在一夜间为全世界所接受。

爱因斯坦在进行他的伟大科学探索时，具有超出常人的鲜明的个性特征，那就是他同时掌握着三样锐利的武器：哲学、物理学和数学。在他一生的科学探索中，运用得最多、起到决定性作用的是数学。

令许多科学家和理论家感到难以理解的是：数学怎么会又怎么能在爱因斯坦创建新的物理学大厦的过程中发挥那么巨大的作用？应该

说这是由爱因斯坦个人独特的资质和他独特的经历所决定的。

在爱因斯坦之前的几位科学巨匠，当他们作出对人类的历史性贡献之前，都已经在科学的道路上经历了一番艰苦的跋涉与搏击，已经拥有了相当的事业基础，至少已经具备了发动最后冲击时必需的某些条件。

伽利略在 1604 年发现著名的落体运动定律，第一次向亚里士多德的经典落体理论挑战并将它粉碎的时候，他已经是帕多瓦大学的数学教授，拥有自己的实验室和一大群追随他的学生；并且是哥白尼日心说的公开拥护者、进步科学学派的代表人物。

牛顿在 1687 年发表他的划时代巨著、辉煌的牛顿力学大厦的奠基作品《自然哲学的数学原理》，正式提出万有引力定律时，他已经是剑桥大学三一学院的讲座教授、英国皇家科学院院士，拥有自己的实验室和图书室。

普朗克在 1900 年 12 月 14 日于德国物理学会上宣读他的量子论论文《论正常光谱能量分布定律》时，这一天便是和相对论共同构筑了 20 世纪科学大厦的量子论的诞生日，他已经是柏林大学理论物理学讲座教授、德国科学院院士，拥有自己的实验室和私宅图书馆。

然而爱因斯坦却不是这样。当他向当代科学的顶峰发动最后冲击的时候，他的出发点才是一个 26 岁从一所普通的工业大学毕业不久的大学生。

他的职业只不过是一个普通的联邦政府的公务员，即瑞士伯尔尼市专利局的三级技术审查员，每天的工作只是在一些由工人、农民、大学生写出的形形色色的专利申请书上签署一份意见。

他既没有从事科学研究所必需的实验室，也没有研究物理学所必须查寻的图书资料。

他所拥有的东西，除了一个天才的极富想象力的大脑，就只有一支能进行数学运算的笔。数学，是他在这次壮举中唯一能使用的武器和工具。

为什么数学会在爱因斯坦的科学工作里占据那么重要的地位？答案十分简单而明确：因为他只拥有这一件武器或工具！

而当他的相对论论文已经发表，并且在物理学界引起了巨大的震动，他本人也成了大学教授以后，那时候的他，在建立新的物理大厦的艰难过程中，也依然钟情于数学。

这是因为爱因斯坦从来就不是一个重视实验手段的科学家，他的实验手段远远落后于他的物理学思想。在这种情况下，钟情并依赖数学也就不奇怪了。

数学为什么能够在爱因斯坦创建相对论的过程中，发挥如此巨大的作用呢？作为自然科学之一的数学，它的第一个与其他所有的自然科学都不相同的特点，就是它的抽象性，它是人类纯粹理性思维的产物。

研究其他自然科学，如物理、化学、生物、天文……无一不是通过具体的实验与观察，唯有数学，是通过抽象的演绎与推论。

从具体到抽象，是人类的一切精神活动以及精神活动产物从初级状态趋向高级阶段的主要标志。

1930 年，爱因斯坦在《物理学中的空间、以太和场的问题》这篇论文中，对理论科学数学化的问题作了一次精辟的论述。

爱因斯坦在其中针对他的广义相对论和统一场曾长期遭受过科学界的冷漠与非难有感而发。这两项迄今都还是人类思想最伟大的结晶的成就，正是爱因斯坦文中所说的那种纯粹数学推理演绎的产物。

自从科学进入 20 世纪以来，不仅是爱因斯坦的相对论，其他许多伟大的发现也都是高度抽象思维的产物。

数学的另外一个特性，是它的高度和谐与完美。

无论是代数、几何、三角、微积分……它存在的合理性，就在于它是否能达到和谐与完美。证明一个图形也好，解答一个难题也好，能否成功，最后都要看它是否能达到真正的和谐与完美。

英国的数学家、诺贝尔奖获得者罗素，对数学的美有过一段论述：

数学，如果正确地看它，则具有一种至高无上的美，正像雕刻的美，是一种冷峻而严肃的美。

1983 年的诺贝尔物理学奖获得者、印度的宇宙学者钱德拉塞卡也曾说：

爱因斯坦是通过定性讨论一个对于数学的优美和简单的切实感相结合的物理世界，得到了他的场论方程。

如果我们现在再来回顾一下这次事件发生前后的几个细节，就会发现一个十分有趣的现象，那就是理论的数学计算部分在形式上是否和谐完美，竟然直接关系着理论本身的正确与否。

早在 1907 年，还是伯尔尼专利局小职员的爱因斯坦，根据他的相对论又发现了"等效原理"。这时他就认识到这个原理意味着光有某种弯曲。但是根据计算，这个效应太小，无法进行观测。由于他对这个计算方程不够满意，光的弯曲问题也就暂时放下了。

1911 年，已经是布拉格大学教授的爱因斯坦又重新捡起了这个问题，他发现在日全食时，这个效应是可以被测到的，并且计算出了星光的弯曲度应该是 0.83 弧度。当时他还没有向广义相对论进军，还没有发现奇妙的"空间弯曲"，因此这个星光的弯曲度还是根据牛顿的平直空间来计算的。

当时他就感觉其中的运算方程有些不尽如人意，但却没有找到原因，只觉得有什么地方不太对头。

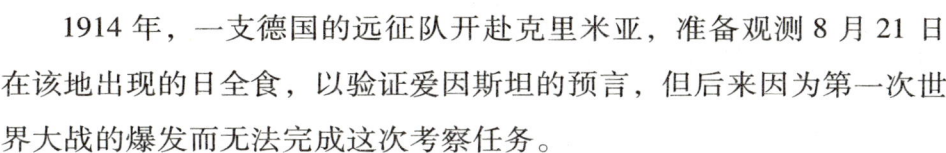

1914 年，一支德国的远征队开赴克里米亚，准备观测 8 月 21 日在该地出现的日全食，以验证爱因斯坦的预言，但后来因为第一次世界大战的爆发而无法完成这次考察任务。

后来爱因斯坦对此并未觉得遗憾，因为当时他计算出的星光弯曲度 0.83 弧度依据的还是牛顿的平直空间，得出的数据是有误差的。

1915 年广义相对论问世，根据爱因斯坦的弯曲空间理论，计算出的星光弯曲度是 1.7 弧度，是牛顿平直空间值的两倍。

终于，1919 年的日食观测，不但证实了星光的弯曲，而且也宣告了爱因斯坦的弯曲空间对牛顿的平直空间的胜利。观测测得的星光弯曲度是 1.7 弧度！

凡是当数学方程不够和谐的时候，理论本身就是有缺陷的，而当引力方程达到了真正的和谐与完美，理论也就取得了最终的胜利。

# 敢于面对黑暗现实

爱因斯坦是一位正直的科学家和思想家。他关心政治，关心人类命运。面对现实，在每一个重大社会政治问题上他都敢于表明自己的政治观点。

爱因斯坦对政治问题的第一次公开表态，是 1914 年签署一个反对世界大战的声明。这场战争是一场帝国主义战争。各国科学家纷纷为他们各自的"祖国"效忠。战争一开始，德国就有 93 个科学文化界名流联合发表宣言，为德国的军事侵略辩护。爱因斯坦则站出来公开反对这场战争。

1914 年 10 月中旬，包括他在内的四个人签署了反战宣言《告欧洲人书》，呼吁善良的欧洲人，团结起来，争取和平。这个宣言，虽然不是爱因斯坦写的，但同他一生的政治思想完全一致。

当然，尽管这个和平宣言那么的真诚和理智，可在当时那个已经疯狂的年代，没有多少人能接受，也没有一家德国报纸敢于刊登这份反战声明。

倔强的爱因斯坦以科学家的执着与韧性投入到反战活动中去。他到处公开发表与众不同的反战看法。

1918 年秋天，德国爆发了士兵起义和工人罢工，前线也开始崩

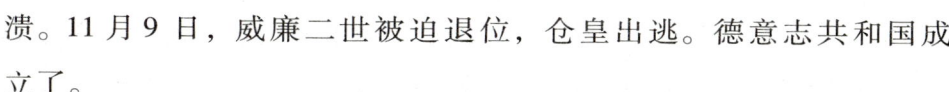

溃。11月9日，威廉二世被迫退位，仓皇出逃。德意志共和国成立了。

从爱因斯坦的政治立场看，他属于德国资产阶级民主派左翼，坚决反对威廉君主政体。他对德意志军国主义的崩溃以及共和国的诞生感到由衷的高兴。

11月9日，爱因斯坦亲眼见到了革命的盛况。那天，爱因斯坦本来要到柏林大学去讲相对论。他上午出门，满街都是罢工工人和起义士兵，水泄不通。大学生们兴高采烈地高喊："罢课了！革命了！"

"自由万岁！共和国万岁！"

爱因斯坦折回家，在密密麻麻、满是公式的讲稿下边写下一行快乐的小字：

"11月9日，因革命停课。"

11月10日，他给居住在瑞士的母亲写信，说他第一次在柏林感觉到心情舒畅。他对德意志共和国寄予了无限希望。

但不久之后，他又陷入失望之中。他认为有了一个共和国的形式，所期望的和平、民主、自由就有了切实的保障。他在给埃伦费斯特的信中说：

异常平静在这里又恢复了，但仍然存在着十分尖锐的对立。整个城市笼罩着军人的飞扬跋扈和对他们的不满，还有困苦和饥饿，婴儿的死亡率高得惊人。谁也不清楚，我们在政治上的趋向如何。国家已经到了奄奄一息的境地。

1922年6月，极右翼分子谋杀了那位自作主张宣布共和国成立的前总理谢德曼，几天之后，外交部长在柏林地区的马路上遇刺丧命。

这位才华出众的部长也是犹太人，他是爱因斯坦的好朋友。柏林城里一时谣言四起，因为反动派所谓的"十一月罪人"包括和平主义者、民主主义者和犹太人，而爱因斯坦身兼三者。他的名声越来越大，时常被推上德国和世界的政治舞台，这更引起了黑帮们的疯狂仇恨。7 月 6 日，爱因斯坦从基尔写信给普朗克：

多方面警告我，最近不要在柏林逗留，特别要我无论如何不要在德国公开露面，因为我是那些谋杀行动策划者，即民族主义分子的眼中钉。

20 世纪 20 年代初以后，爱因斯坦与社会主义者、资产阶级左翼政治家和人文科学家蔡特金、豪夫曼、科尔维茨、摩伊斯、格勒茨、曼西茨维克共同签署了许多有关政治和人道主义的宣言及声明。

在德意志民族整体陷入战争的喧嚣之中时，爱因斯坦直言不讳，公然声明自己是和平主义者，反对一切战争。他大声疾呼："战争对国际合作的发展是最可怕的障碍，尤其在于它对文化的影响。战争破坏了知识分子从事创造性工作所不可缺少的一切条件。

"如果他正好是年轻力壮，他的能力就会被束缚在破坏性的战争机器上，而年纪大的也会陷进仇恨和失望的气氛之中。而且，战争导致国家贫困，导致长期的经济萧条。所以，凡是珍惜文化价值的人，就不会不成为和平主义者。"

第一次世界大战后，爱因斯坦致力于恢复各国人民之间相互谅解的活动，访问了很多国家。

1919 年，世界各地的请帖潮水般涌来。出访荷兰后，他风尘仆仆，从一个首都赶到另一个首都。他到处做关于相对论的演讲，也到处呼吁和平、宽容与理解。

他像一位巡回和平大使，执行着民族和解的神圣使命。

为了恢复战败国德意志共和国的国际地位，他把德国科学的威望带到世界各地，又把自信心带回德国，鼓励德国人民建设一个民主、自由的新德国。德国统治者也想通过爱因斯坦的德高望重使德国重新获得世界各国的承认。所以，当局对他的频繁出访给予默认，并密切注视着世界各国的反应。

1921年3月底，爱因斯坦踏上了访美的旅途。

4月的一个早晨，纽约港早已是人山人海了，当"鹿特丹号"邮轮靠岸时，码头上早已经有一大批新闻记者扑向了船旁。

"据说爱因斯坦是中等身材，哪一个才是呢？"

"他可是赫赫有名的大科学家，他会愿意接受我们的采访吗？不知道能否接近他呢？他的保镖也许会阻止我们靠近他呢？"

记者们还没有见到爱因斯坦出现，就开始议论纷纷了。

这时，船上走下了一男一女。

男的一头蓬松的头发，满脸的胡须挡住了脸上的表情，身材不高而显瘦弱，身上打扮随意而朴素，很像是一位远航归来的艺术家的样子。

女子则是穿戴得体，朴素大方，很有一番贵族风范的。

没错，他一定就是爱因斯坦，左手拿着烟斗，右手拿着小提琴。一定是他，没错的。

爱因斯坦由于拉小提琴而引出了许多趣事来，媒体曾大篇幅地报道过，所以人们一提起爱因斯坦，就会想起他的小提琴。

据说有一次，一个民间组织为了救济犹太人举办了一次慈善音乐会，特意邀请爱因斯坦在会上演奏了一曲。谁知第二天人们打开报纸时发现，一位评论家写道：大名鼎鼎的爱因斯坦的演奏水平很是一般，音乐界的泰斗怎么能属于他呢？很明显，这位批评家并不知道，爱因斯坦只是一名一流的科学家，对于小提琴只是从小的爱好罢了。

这个传闻在德国的新闻界被当作笑谈传播了很久，没有多长时间，欧洲世界已被传遍了，人们因此而知道了作为严肃科学的探求者的爱因斯坦，也是一个擅长小提琴的好手呢。

爱因斯坦刚刚走下船，就被一大群记者围在了甲板上，根本无法上岸去。

爱因斯坦极力躲避着记者们的追问，同行而来的艾尔莎也使出了浑身的解数，可是美国的新闻记者们显然早已做好了准备，如果爱因斯坦的回答不能令他们满意的话，他们是不准备放过他的。

"尊敬的博士，请您用几句话简单地概括一下相对论的本质是什么？"

看来，记者们还真是很会出难题的，用几句话来解释一门新的科学理论，对于科学家来说，简直就是天方夜谭，可是新闻记者们大概只需要几句话的新闻，太多的理论，他们是弄不懂的。

爱因斯坦第一次遇到这样的采访，稍做思考后，他不乏幽默地对记者们说：

"如果大家真的希望我用几句话来解释相对论的话，那我只能大胆地给大家举个例子吧，只是大家听了只把它当作个玩笑吧，它绝不是正统的理论。"

"请您快说说看。"记者们不约而同地催促着爱因斯坦快点道出答案。

"现在我来给大家打个比方，如果人们从前是认为所有的物体从宇宙中消失后，时间和空间是仍然存在的，但根据相对论来说，时间和空间将是同物体一同消失掉的。"

"谢谢您的精练回答，我们报纸明天会登出头条。"

"博士，据说在全世界范围内只有 12 个人懂得相对论，这是真的吗？"

记者们又继续追问道。

"你们相信这样的话吗？"

爱因斯坦反问了一句后又继续说道。

"据我所知，任何一个物理学者都能弄懂相对论的，即使是我的学生们，也是能够理解的，而且，许多国家的物理学家也都对它进行了研究和验证，怎么能说得这么可笑呢？"

"博士，你曾经想过自己的相对论会引起如此轰动的效应吗？"

"这个吗，我倒是从来没有想过，在你们的国度里，我想人们最热衷的应该是拳击比赛的，我真的不明白，你们为什么把时间浪费在这里呢？"

爱因斯坦的话逗得记者们笑成了一团，严肃的气氛也一下子活跃了许多。

记者们采访完了爱因斯坦，也没有忘记艾尔莎，"夫人，请问您是学物理的吗？"

"不，我只是一个普通的家庭主妇。"

"那么，您也懂得相对论吗？"

"哦，这个吗，我更是一窍不通了，虽然博士曾给我解释过无数次，但我的数学程度只达到了会记账的程度，我怎么能会理解那些深奥的东西呢？

"但是，虽然我一点儿也不懂有关相对论的问题，可是这并不影响我们的幸福生活。"

艾尔莎的巧嘴博得了一片喝彩声。

随后，前来迎接的人把爱因斯坦夫妇送上了一辆敞篷的车上，准备赶往即将下榻的宾馆。

一路上，街道的两旁早已站满了前来看热闹的市民们，争相拥到路旁，一睹爱因斯坦的风采。

爱因斯坦虽然坐上了车，但他一直也没弄明白是怎么一回事，面对沸腾的人群，他的双手简直都不知放在哪儿好了。

一会儿动动小提琴，一会儿又敲敲烟斗，这样的欢迎气势，实在是让他们始料未及的。

艾尔莎坐他的身旁，不时地向人群挥着手，当她发现爱因斯坦那一副不知所措的样子的时候，真是又好气又好笑，于是提醒道：

"阿尔伯特，请自然些，你只需要微笑，向人群挥挥手，表示谢意就可以了。"

此时，大科学家的脑子才转过弯来，从登上车的那一刻起，他就一直在想，美国人的待客之道有什么讲究吗？为什么要用敞篷车呢？此刻，他终于明白了。

坐在车子里的爱因斯坦，露出了孩子般的真诚的笑容。

"欢迎你，博士！"

人群中高喊着。

爱因斯坦热席卷了整个新大陆，而且越来越热。

在访美的期间，爱因斯坦作了许多次的学术报告，征服了一批批的校园学子，光是在普林斯顿大学，由于盛情难却，爱因斯坦就连续去作了4次报告，场场听众爆满，掌声震天。

美国人对于爱因斯坦的兴趣，不只停留在相对论上面，许多报刊上还津津乐道地提起了爱因斯坦的小提琴。

"我们是应该为尊敬的博士安排一场音乐会呢，也使人们能够领略一番博士在学术界之外的另一种风采。"

"教授一手拿着烟斗，另一只胳膊下面夹着一把小提琴盒，缓缓走下来时，他看上去多像一位有名的艺术家啊。"

"如果说他有什么地方与一个正式的艺术家不同的话，那就是他的头发可能稍嫌有点少。"

美国国会参众两院为了爱因斯坦的相对论也发生了激烈的争执，只是与以往有所不同的是，这次争执他们很快就互相达到了和解，那是因为他们辩论到最终才发现，他们两院的议员中，没有人能理解、弄懂什么是相对论。

爱因斯坦给美国的大学生们留下了极其深刻的印象，作为一个世界著名的学者，他没有像其他来宾那样，在演讲开始的前几分钟在众

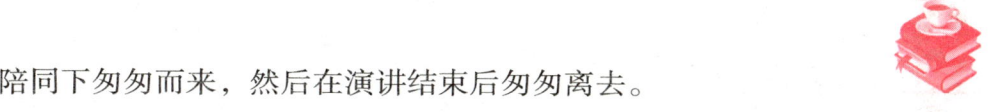

人的陪同下匆匆而来，然后在演讲结束后匆匆离去。

大学生们看到的爱因斯坦，一点贵宾的架子都没有。

演讲会结束后，他热情地回答了学生们的提问，并接受了他们的邀请，跟随他们去实验室，参观学生们的实验。

美国人的活泼开朗，对新事物的异常热情给爱因斯坦留下了深刻的印象，也令他深感不解。

"美国的大城市里有许多的剧场、戏剧院。以此推断，那里的人精神生活一定会很丰富的，可是他们对于新鲜事的异常兴趣，却又使人感觉到他们的精神有些空虚，随时追逐着看别人的一举一动，真是让人不可思议。"

美国人大概当时还没有意识到，他们的过分热情，使得爱因斯坦对他们有一点小小的误解。

爱因斯坦在美国待了两个多月的时间，1921 年 6 月，开始踏上了回国的旅程。

这期间，他接到了英国大哲学家兼政治家哈定勋爵的邀请，欢迎他在访美归途中顺便去伦敦做客。

爱因斯坦接到这封邀请信后，犹豫了很久，他与哈定勋爵在第一次世界大战期间曾经有过书信的来往，他们都是站在积极反战的立场上，拥护和平的，他很信任爵士。

只是，爱因斯坦的内心还有一些小小的担忧，大战虽然结束了，英国对于德国的仇视却还没有消除啊！

哈定勋爵的邀请是诚恳的，我是一个和平主义的反战者，如果利用访英的机会，消除英德两国人民之间的敌对，促进相互的了解与支持，那也是值得的。于是，爱因斯坦接受哈定勋爵的邀请，赶往伦敦。

初到伦敦，爱因斯坦夫妇被安排住进了哈定勋爵的住宅中，他们住的客房，比起柏林的公寓还要大了许多，爱因斯坦第一次领略到了英国贵族的奢侈。

更麻烦的事情还在后面呢，英国人那数不清的礼节使他手足无措，贴身仆人一步不离地跟在他的身后，更让他惊恐万分。

"艾尔莎，这可真让人感觉到麻烦啊！"

"怎么，还是家里的生活舒服吧！"

"那当然啦，他们穿着笔挺的制服，一刻不离地站在房间门口，好像我们是犯人似的，难道他们怕我们逃跑吗？"

"阿尔伯特，你可别这样想，主人们听了这话一定会怪我们没有礼貌的。"

艾尔莎不住地安慰着爱因斯坦。

早上起床后，爱因斯坦像在家一样，赶忙去拉开窗帘，可是这次可没有那么容易，长长的大窗帘难住了他。

"哎，艾尔莎，这个鬼东西是怎么回事？"

"拉不开吗？那就别拉了，一会儿仆人们自会拉开的。"

"不，我可不想让他们总是进屋来，我们还是自己想办法吧。"

爱因斯坦同夫人费了好大的力气，才征服了那个大窗帘，此刻他在心中不住地嘀咕着，英国人可真是麻烦。

第二天，哈定勋爵在科学会馆为爱因斯坦举办了演讲会。听众虽然很多，但气氛并不活跃，显然，英国人对于这个知名的学者，还是抱有一定的审慎的态度，他毕竟是来自他们最仇视的国家——德国的科学家。

哈定勋爵为了活跃一下现场的气氛，特意首先向听众们作了热情的介绍。

"尊敬的先生们，女士们，今天我要把一位伟大的天才科学家，隆重地介绍给大家，他就是相对论的提出者——爱因斯坦博士。

"在这里，爱因斯坦博士将要为我们作最精彩的讲演，现在让我们用最热烈的掌声欢迎我们最尊贵的客人走上台来。"

爵士的开场白结束了，爱因斯坦在稀疏的掌声中走上了讲台。这次演讲会上并不热情的场面，反而刺激了爱因斯坦的信心，他在心中默默想到，我一定用我的知识，征服你们，使你们了解我，认同我，我一定会的。

"尊敬的先生们，女士们，今天，我能来到伦敦，站在这里，站在我最敬佩的大科学家牛顿的故乡，我的心情是无法形容的。

"科学是没有国界的，牛顿先生的发明，使得世上每个人都得到了恩惠，因而，没有人会忘记他的。在我的故乡柏林，牛顿先生的塑像被摆放在科学家馆里，人们永远不会忘记他的。"

爱因斯坦的演讲节奏明快而富有魅力，很快就吸引了台下的听众。

"在这里，我首先要感谢牛顿先生，正是踩着他的脚步我一步步走进了物理学的殿堂。"

爱因斯坦是个十分谦虚的人。

"我还要感谢英国科学界的朋友们，我的理论是你们拿出了事实的证据，没有你们的亲身实践，我的理论可能还停留在推测的阶段，是你们给了我一个肯定的事实，我万分地感谢你们。"

爱因斯坦坦诚的心灵以及真挚的情感、专注的眼神及深刻的思想，深深地打动了英国的听众，随着演讲的进行，他们的掌声也激烈起来了。

"整个宇宙世界，是这个样子的……"

爱因斯坦的演讲进入主题后，很快就把观众的思想带入了奇妙的宇宙世界里去了。

此刻，人们忘记了德国人，忘记了仇恨，只是看到了一个侃侃而谈的学者，把他对宇宙世界的精辟理解通俗地讲给听众们听，他那渊博的知识，深深地吸引了观众们的心。

是的，他不愧是一个伟大的科学家，他把自己的知识无偿地传授给那些渴望知识的人们。

所以，当爱因斯坦结束了他的演讲时，热烈的掌声和欢呼声响了起来。许多学生还拥到了爱因斯坦的身旁，请他签名留念。

在随后的日子里，无论是科学界还是政府都给予了爱因斯坦热情的接待。

在政府部门的授意下，哈定勋爵特意为爱因斯坦举行了盛大的欢迎宴会，在这次酒会上，首相亲自光临并致了欢迎词，英国学术界的名流们都来了，大作家萧伯纳还与爱因斯坦高兴地开起了玩笑，一再邀请他去家里做客。

总之，英国人的态度一下子转变了许多，爱因斯坦高兴极了，他所期望的结果总算是实现了。

1921 年 6 月底，爱因斯坦结束了在伦敦的短暂停留后，回到了柏林。这次远行归来后，他的胃病又犯了，于是艾尔莎劝他应该好好休息一段时间，暂不要再接受邀请出国访问了。

1922 年初，法国的物理学会又一次发来了邀请信，希望他能赴巴黎讲学。

爱因斯坦经过考虑后觉得，和平的脚步应该在德法两国之间展开，于是在 3 月底，他决定只身前往巴黎。

他也是第一次世界大战之后第一个在法国公开露面的德国人。

爱因斯坦从车上走下还没来得及寒暄几句，朗之万就接过了爱因斯坦手中的旅行包，带着他迅速离开了站台，穿过地下通道后，没有走向车站的大门，而是向一个侧门走去。

朗之万一边走路，一边向爱因斯坦说道：

"非常抱歉，我们以这种方式迎接您，请您千万别见怪。""没什么的，这不是挺好的吗？"

"没有办法，刚刚接到报告说，一些民族主义保皇派的激进分子已集合一大批人，要在车站闹事呢，没有办法，我们只好接您从别的地方离开车站了。"

"没想到有这么大的麻烦呢。"

"请您千万别生气，我们物理学会是诚心盼望您的到来的。"

"放心吧，我十分感谢你们的盛情邀请，我愿意以我的诚心换取法国人民对我的信任。"

谁知，事后人们才知道，那天在火车站其实是一场误会，火车站那一群年轻人，正是朗之万的儿子和他的大学同学，他们到车站来，本是想先一睹爱因斯坦的伟大形象，顺便也可帮助父亲保护爱因斯坦的安全。

在后来的日子，朗之万的儿子一提起这事就会觉得好笑，他抱怨父亲不该像惊弓之鸟，一点儿风吹草动都承受不了。

"我本是一片好心去迎接客人的，可是没料到，客人却被我们一大群人给吓跑了，真是不可思议。"

"爸爸，你不觉得这也太可笑了吗？"

"你还敢跟我提这件事，你差点闯下了大祸，作为一个大学生，干什么事都要动动脑筋，人越多的时候是越容易出事的，如果爱因斯坦先生出了事，我们该怎么向世界人民交代呢？"

父子俩为了车站的事情仍然不断地争执着。

法国物理学会为了确保爱因斯坦的安全，为他举办的演讲会规模不是很大，参加的也只是一些学术界可靠的人士，都是凭证入场的。

爱因斯坦谦虚地解答了学者们的一些提问，并认真地指出了他与马赫理论在根本上的相同与不同之处。科学界见到了传闻中的爱因斯坦果然是虚怀若谷，丝毫没有名人的那副扬扬自得的神色，对他的人品更加敬重了。

但是，爱因斯坦的巴黎之行也并非是一帆风顺的。

与美国、英国的科学院不同，著名的巴黎科学院拒绝接受他担任名誉院士，在这个以保守和偏见闻名于世的高级学术机构里，有30

爱因斯坦·晚年的贡献

个院士联合签名，他们不同意接受爱因斯坦，如果科学院请来了爱因斯坦，他们将集体辞职。

他们的理由很坚决：

德国还没有参加国际联盟，他们没有办法让一个敌对国家的科学家走进他们的中间。

由于这件事情是始料未及的，科学院对此事觉得非常难堪。好在爱因斯坦从朋友那儿听到了这件事，他十分坚决地回绝了巴黎科学院的邀请，避免了朋友们的尴尬。

"很抱歉，爱因斯坦先生，他们的民族偏见太严重了。"

"不，我不会稀罕那顶帽子的，那样的荣誉对我来说是没有一点用的。

"如果你有时间，若能陪我去昔日的战场上走一走就可以了。"

爱因斯坦对朗之万说。

一个清晨，朗之万陪同爱因斯坦去往法国东部的乡村，那里是遭受战争破坏最严重的地方。

爱因斯坦乘坐的汽车渐渐驶入了乡村，断垣残壁中，只有那一排排新修的烈士墓地显得格外刺眼，战争的痕迹，随处可见。

倒塌了的房屋，烧焦了的树木，干荒的土地，一片片破败的废墟。

朗之万沉痛地告诉爱因斯坦：

"这些地方，都是战争的主战场，德国的司令部就曾设在这里，残酷的战争使得这里的重建工作十分艰难。"

爱因斯坦此刻的心情已经低落到了极点，战争带给普通的百姓的苦难，何时才能消除呢。

"我的有生之年，一定要不惜一切代价，让那万恶的战争不再发生。

"这里的状况太悲惨了，每一个德国军人都应该到这里看看，战争是多么的可怕啊！"

在巴黎，相对论的创始人虽然没有像访问其他国家那样受到隆重的欢迎，但爱因斯坦对于自己的这次旅行却十分满意。

他要的不是荣誉和掌声，他不仅是一个科学家，他也是一位和平的使者，能够顺利地访问法国，他认为这对于他及德国人民来说都有很大的政治意义，他觉得，正是他访问法国，迈出了德法两国人民之间相互沟通的第一步，德法两国科学家的交往，在未来的日子里必定会更加频繁，最终，德法两国人民一定会相互谅解的。

爱因斯坦离开巴黎返回柏林后，没过多久就接到了一封来自日本的邀请函，日本东京改造出版社将出版《爱因斯坦论文集》，特请参加他们的庆祝仪式。这是爱因斯坦的第一部文集，不是用德文，而是用日文出版，本身是意味深长的。爱因斯坦很受感动。

凝视着海面上起伏的波光，童年时代的梦影依稀闪现，爱因斯坦沉浸在遐想中。忽然，艾尔莎惊喜地叫起来：

"阿尔伯特，快看！"

顺着她手指的方向，在水天一色的远方，出现了一片大地。啊，龙的故乡到了！

爱因斯坦夫妇乘坐的"北野丸号"邮轮缓缓驶入黄浦江。码头上早已等候着欢迎的人群，有德国驻上海领事馆总领事。中国学术界人士和青年学生代表，场面非常热烈，充满着一种节日气氛。

爱因斯坦夫妇在上海只逗留了两日。中国人的勤劳和贫穷给他留下了深刻的印象。面黄肌瘦的老人拉着黄包车满街奔跑，车上坐的却是肥胖的白人。这种情景他在印度也遇到过，但他宁愿步行走很远的路去看热带美景，也决不坐人力车。他曾对朋友说："自己坐在车上让别人来拉，那简直是把人当畜生看待。"他不明白，为什么东方文明古国会这么穷？世界到处都存在着不平等。对于劳苦大众，爱因斯坦寄予了深切的同情。

12 月初的一天，爱因斯坦偕同夫人一行顺利地到达了日本的神户。

慕名而来想见一见这位来自不同文化背景国度的世界伟人的市民们，早已挤满了码头。

日本人的温文尔雅、谦卑有礼，给爱因斯坦留下了美好的印象。

由于爱因斯坦的演讲都得靠翻译才能转达给听众。对此爱因斯坦深感不便，一连 4 个小时下来，爱因斯坦自己都有些厌烦了，可是他扫视了一圈台下才发现，所有的听众仍然如刚来时那样，端端正正地坐在椅子上，一点儿也没有表现出不耐烦的样子，同时也没有一点交头接耳的声音。

在这期间，彬彬有礼的日本听众，只是静静坐在那里倾听，场下响起演讲会上那撼天动地的掌声。

"艾尔莎，这个民族真是让人佩服，不卑不亢的礼节堪称世界的典范。"

"怎么，你喜欢这里吗？那我们就在这里住下来好了。"

艾尔莎的话是有原因的，此时的德国社会，第一次世界大战留下了许多后遗症，其中最为尖锐的问题就是粮食的分外短缺，由此导致了强盗满街的局面。

希特勒纳粹党借着这个势头渐渐扩大起来了，他们横行街头，不断地残杀那些爱国的犹太领袖。

"德国永远是德国人的，犹太人赶紧滚蛋！"纳粹党徒在叫喊着。

国内的这些消息不断地传到爱因斯坦的耳中。艾尔莎万分焦急，她力劝爱因斯坦应该放慢访问的脚步，避开国内的血腥屠杀。

爱因斯坦对此却不以为然，他声称，为了科学、和平、全世界人民的利益，他什么都不怕，难道还怕死吗？

爱因斯坦在日本停留期间，还为即将在日本出版的《爱因斯坦文集》进行了最后的审阅，看着自己的论文第一次不是用自己的母语，

而是用一种东方文字出版了，他的心中对日本人民充满了深深的敬意。

爱因斯坦在日本只停留了不到一个月的时间，就满载着东方人民的深情厚谊，起程回国了。

在归国的途中，1923 年 2 月，爱因斯坦决定去访问巴勒斯坦，以鼓舞犹太人的士气。当时的巴勒斯坦是属于英国的管辖范围。英国政府驻巴勒斯坦的总督是萨缪尔，也是一个犹太人的后代。

爱因斯坦夫妇在巴勒斯坦受到了隆重的欢迎，总督把他们的住处安排在自己的官邸里，并亲自陪同他们参观了市区的风景。在这里，小到生活起居，大到宴会，一切都完全是英国化的风格，这让爱因斯坦夫妇大为不解。

"如此荒唐的礼仪，也需要一丝不苟地学来吗？"

就连一向能够宽容待人的艾尔莎夫人也被那些琐碎的礼节给激怒了。

"我并不是名人，我不喜欢这样装腔作势，阿尔伯特，我可受够他们这些该死的礼节了。"

告别了巴勒斯坦，两个人于 3 月初抵达了马赛，本来，爱因斯坦夫妇是准备从这里返回柏林的。

可是，一封来自马德里大学的邀请信改变了他们的初衷，在艾尔莎的劝说下，爱因斯坦决定从这里起程前往西班牙。在西班牙，爱因斯坦夫妇受到了国王的亲自接见，马德里大学还将名誉教授的证书送给了爱因斯坦。

值得一提的是，教育部长还专门同爱因斯坦谈了话，说如果教授夫妇愿意留在西班牙，他们愿意为两人提供最优厚的待遇。但是爱因斯坦婉言谢绝了这些诚恳的邀请，并决定立即返回柏林去。

爱因斯坦在少年时代就厌恶德国，这是他的直觉，也是他善良正义天性的使然，他还坚决放弃德国国籍，或许他早就预感到德国是容纳不了他的。

1919 年爱因斯坦的名声如日中天，普鲁士科学院院长斯顿夫在 10 月 22 日给爱因斯坦写信，信中说：

在你的引力理论获得新的巨大的成功之际，我向你表示最诚挚的祝贺，你现在一定很欢欣鼓舞，我们也分享你的快乐。德国在军事、政治上失败之后，德国的科学能够获得胜利，这是我们的骄傲。

德国很多人是抱着复杂矛盾的心情来看待爱因斯坦的。第一次世界大战的失败使德国在国际舞台上的地位一落千丈。德国国内一直弥漫着一股民族复仇主义的情绪，他们希望有一个强有力的领导人出现，带领他们改变现状，走出困境。

1932 年，希特勒羽翼丰满，德国纳粹党一跃而成为国会的第一大党。柏林上空阴云密布，一场疯狂的政治风暴即将来临。

这一年的秋天显得格外燥热，也格外萧森，枯黄的树叶仿佛被热风烤焦似的，一片褐色，空气中笼罩着一种不祥的气氛。

秋末的一天，爱因斯坦打点好行装，同艾尔莎夫人一起走出卡普特别墅，他们即将离开这里，去美国加利福尼亚州。这是一次例行的出访，应加州理工学院院长密立根邀请，爱因斯坦每年冬季都要去讲学一次。但不知为什么，这一次出访，爱因斯坦心里有一种不祥的预感。

他们沿着石阶走下来。爱因斯坦回首眺望，别墅的屋顶在一片枯枝中凸显出来。

"艾尔莎，你再多看几眼你的别墅吧！"他凄然说道。

"这是为什么呀？"夫人不解其意。

"也许这是你最后一次看这房子了。"

"看你说的！我们又不是不回来了。"艾尔莎笑道。

"你还是再多看一眼吧！"

艾尔莎感觉到爱因斯坦的话中有一种特别的语气，他们停住了，驻足回眸。卡普特别墅沐浴着晨晖，显得格外清新秀丽。她察觉出爱因斯坦的脸上霎时间露出了一种惜别之情。

是啊，卡普特别墅是他们愉快的家园，在这里劳厄等一些朋友常来这里聚会。爱因斯坦同他们一起驾着小艇在湖上荡漾，常常乐而忘返。印度大诗人泰戈尔也来这里做过客。他比爱因斯坦大 18 岁，穿一件发亮的丝绸衣服，俊逸的脸上飘着银色的长须。他们坐在别墅的花园里，一边品着中国绿茶，一边亲昵地谈着宇宙、宗教、艺术和人类的未来。

一群飞鸟从树枝上腾起，盘旋着消失在蓝天里。艾尔莎眼睛里闪出了泪光。

"我们走吧！"爱因斯坦转过脸说道。

他们沿着石阶下来，一辆汽车已等在路口。几分钟之后，他们乘车离开了卡普特村。

爱因斯坦的预感应验了。他们和这栋湖滨别墅告别后，再也没有回来过。

爱因斯坦夫妇搭乘的邮轮横渡大西洋，再穿过巴拿马运河，抵达美国西海岸加利福尼亚。这是爱因斯坦最后一次到加州理工学院讲学，他很珍惜这段时间。除了讲授相对论外，他还同这里的同行们一起进行研究工作。不远的威尔逊山顶上，有一架巨大的天文望远镜，是世界上最大的望远镜。爱因斯坦也常去那里，同天文学家们研讨宇宙和引力场问题。

当爱因斯坦在加利福尼亚进行平静的学术研究时，德国的政局却发生着急剧的变化。

1933 年 1 月 30 日，迫于纳粹和社会危机的压力，86 岁的总统兴登堡元帅终于任命希特勒为总理。德国历史上揭开了最黑暗的一页。

这时候，纳粹党虽然是德国国会的第一大党，但在国会的 607 个议席中，只占 230 席。希特勒立即解散了国会，宣布于 3 月 5 日重新大选。

2 月 27 日，临近国会大选一周之前，纳粹头目戈林策划了臭名昭著的"国会纵火案"，他派冲锋队员从暖气管道潜入国会大厦纵火，然后嫁祸于德国共产党。24 小时之内，纳粹在全国逮捕了共产党员和进步人士上万人。德国共产党被迫转入地下。几天后，大选结束，纳粹党完全控制了国会。

接着，开始了对犹太人大规模的迫害。他们宣称"德国是德国人的"，"犹太人是腐蚀德国的蛀虫，必须给予无情打击"。

爱因斯坦成了他们首先攻击的目标。希特勒上台不久就宣布相对论是"犹太邪说"，柏林的报纸也公开点名，称爱因斯坦为"犹太国际阴谋家"。这时候，爱因斯坦正在加利福尼亚，他作出的第一个反应，就是通知普鲁士科学院，取消原定从加州回柏林后的学术讲演。

几天后，爱因斯坦夫妇乘火车到达纽约。

在旅馆里，爱因斯坦接受了《纽约世界电讯报》记者的采访，公开声明说："德国现状既然如此，我再也不踏上德国的土地了。"

几天后，爱因斯坦和艾尔莎搭上开往欧洲的客轮。他们的目的地是比利时的海边小城安特卫普港。爱因斯坦将去那里避难。

轮船在大西洋航行途中，无线电传来令人震惊的消息：爱因斯坦在卡普特的别墅被抄，他家乡乌尔姆的爱因斯坦大街也改换了街名。希特勒的魔掌终于伸向这位举世闻名的大科学家。

历史有惊人的相似之处。德国又变成了一座大兵营，而且变得比威廉帝国时更疯狂。大街上插满了纳粹党的"卐"字旗，身穿褐色制服、臂戴"卐"字袖章的冲锋队员高唱着法西斯歌曲，在菩提大道阔步行进，成千上万被纳粹蛊惑的青年举着火炬游行，狂热地高呼着：

"希特勒万岁！"

3月21日，希特勒担任总理后的第一次国会，在柏林郊外波茨坦的教堂举行开幕典礼。

会场里，挂满了18世纪以来的德意志帝国的各种军旗，就在这里，面带得意之色的希特勒发表了他那所谓的波茨坦宣言："本人要求撤销《凡尔赛条约》对德国的任何责任条款。"他并且狂叫，要为统一德国、消灭国贼而努力。

两天以后，国会以441票对84票的压倒多数，通过了"授权法"。于是希特勒掌握了完全独裁的权力，国会名存实亡。从这一天开始，德意志共和国消失了，取而代之的是一个法西斯独裁国家。

对犹太人的迫害升级了。所有的犹太医生被禁止开业，犹太人的法官和律师被赶出法院，犹太人商店接连遭到暴徒袭击。

作为犹太人的优秀代表，爱因斯坦成了纳粹党迫害的最大目标。他们宣布爱因斯坦犯了"知识叛逆罪"。一群纳粹冲锋队员洗劫了卡普特别墅。他们翻箱倒柜，搜遍了整栋房子，想找出爱因斯坦"谋反"的证据，结果只在厨房里找到一把切面包的小刀。他们把这把小刀当作"危险的武器"没收了，并在报纸上大肆张扬。

3月28日，爱因斯坦夫妇搭乘的客轮驶入安特卫普港，受到比利时官员和许多学者的欢迎。他们是作为比利时国王和王后的客人来此避难的。

到达比利时的第一件事，就是立即挂电话到柏林寓所，他们很担心亲人们的安全。接电话的是他们的女佣人，她说大女儿已逃到荷兰，二女儿同俄国丈夫也已离开柏林，到法国避难去了。

他们心中的一块石头才落了地。

爱因斯坦从电话里还获知，他在银行的存款被全部没收了，理由是这笔钱是要用来支持"共产党暴动"的。这笔存款并不太多，但爱因斯坦这下真的成了穷光蛋。

纳粹摧毁了爱因斯坦在德国的一切，包括他为整个人类创造的精神财富。在柏林国家歌剧院的广场上，他的相对论著作被当众焚烧。同时扔进火中的还有马克思的《资本论》、杰克·伦敦和左拉的小说及其他大量进步的文化典籍。

一群戴着"卐"字臂章的狂徒围着冲天大火欢呼，火舌吞噬着人类智慧和文明的精华，留下的是一片灰烬。

在这浩劫的时刻，爱因斯坦倚窗东望，只能默默念着一位诗人的诗句：

当我想起故乡，在夜晚的时分，
痛苦的心灵啊，总是不得平静。

怀着沉重和愤慨的心情，爱因斯坦写信通知普鲁士科学院，鉴于德国的局势变得已经令人不堪忍受，他决定辞去院士的职务。

爱因斯坦这样做，预示着自己将被开除。但是，即使他不采取这个步骤，在纳粹教育部长的干涉下，他也会被科学院除名的。而当时的科学院院长，正是他所敬重的普朗克教授。

本来爱因斯坦就是普朗克和能斯特从瑞士邀请来柏林的，如今要普朗克开口叫他退出科学院，将是一件非常难过而尴尬的事。为了不让朋友为难，爱因斯坦提出了辞呈。

普朗克为了缓和纳粹对犹太科学家的迫害，曾经多方奔走。但是希特勒根本不理会，他训斥普朗克道："你以为我的神经有时会脆弱吗？不，我的神经犹如钢铁。我绝不可能为这么点小事，而忘掉伟大的目标！"

爱因斯坦提出辞呈时，普朗克正在赴意大利的旅途中。他闻讯后没有及时赶回柏林。于是，普鲁士科学院由一位"饭桶"法学家主持开会。能斯特博士在会上大声疾呼："我们怎么能以'不够德国化'的理由，将院士里最伟大的科学家除名呢？我们一直以达朗贝尔、伏

尔泰曾经是普鲁士皇家学会会员为荣，但他们也并不是德国人，而是法国人呀！"

劳厄也挺身而出，为爱因斯坦伸张正义道："后世的人会怎么批评我们呢？如果要开除爱因斯坦，我们只能被称为'屈服于权力之下的懦夫'！"

尽管能斯特和劳厄一再坚持，但终因寡不敌众，在纳粹教育部的授意和压力之下，科学院于4月1日发表了如下声明：

"普鲁士科学院获悉爱因斯坦在法国和美国参与不轨行动的新闻报道后，甚感愤慨。本院对于煽动分子爱因斯坦在外国的活动，颇感困扰。因此，对于爱因斯坦自动申请退出科学院，本院丝毫不感到遗憾。"

劳厄在20年后，感慨地写道："这个可耻的声明至今犹使任何一个德国人因羞愧而脸红。"

普朗克在罗马见到这个声明后，良心上感到很大的不安。如果他在柏林，情况也许不至于这样糟。不过，即使他在柏林主持会议，大局也改不过来。这位老教授在给朋友的信中，沉痛地写着："尽管无底的深渊在政治上把我们同爱因斯坦分开了，但是我深信，爱因斯坦的名字将作为柏林科学院最光辉的名字之一受到未来历史的尊敬。"

就这样，爱因斯坦这个伟大的名字从普鲁士科学院的名单上被抹掉了。他永远也没有再踏上诞生他的国土。

爱因斯坦隐居在比利时的一个海滨避暑地，这里离奥斯坦德镇很近。他们住的别墅靠近一个很大的沙堆，附近有个小村庄。海滩上，常有小孩拾贝壳、捉螃蟹玩，还有一些穿着鲜艳泳装的女郎，躺在沙滩上进行日光浴。

爱因斯坦常在海滩上漫步。海风吹拂着他一头灰白的长发，看上去就像一位遨游世界的先哲。他仍旧在思考着他的物理学，有时也拉拉小提琴消遣。但是艾尔莎和朋友们却越来越感觉到，爱因斯坦的安全正受到威胁。

从柏林传来消息，纳粹悬赏2万马克要爱因斯坦的脑袋。

爱因斯坦摸着自己的脖子，苦笑道："想不到我的脑袋竟值这么多钱！"

艾尔莎夫人却吓坏了。比利时离德国非常近，而且纳粹分子疯狂成性，什么坏事都可以干出来的。

"阿尔伯特，我们还是尽早到英国去吧！"夫人催促他道。正好这时有位英国朋友邀请爱因斯坦去小住一段时间，爱因斯坦已回信道了谢，只是起程日期还未定下来。

爱因斯坦还有几件事情要办。其中有一件事涉及两位因拒绝入伍而被关进牢的比利时青年，一位法国青年来信向爱因斯坦求助，希望他能向比利时政府说情，释放那两人。

爱因斯坦一向是一个和平主义者，他曾经说过：只要有2%的人拒绝服兵役，仗就打不起来，因为政府不可能把那么多人投进监狱。那两个比利时青年，就是响应他的号召拒绝服兵役的。

但这一次爱因斯坦的思想发生了根本的改变。柏林街头的血与火教育了他。他看到了纳粹的"褐色恐怖"正给整个欧洲，甚至全世界带来威胁。在这种形势下，保卫祖国以抵抗德国的侵略，是每一个比利时青年的神圣职责。

于是，爱因斯坦在报上发表了给那位法国青年的公开信：

如果我是比利时人，在目前情况下，我绝不会拒绝服兵役；相反，我将欣然报名去参军。我相信，这将有助于拯救欧洲的文明。

他的这个声明轰动了全世界。5年后爱因斯坦的预见不幸成为事实：希特勒疯狂地发动了第二次世界大战。

为了保护爱因斯坦的安全，比利时国王派了两名警卫，形影不离地跟随在他左右。

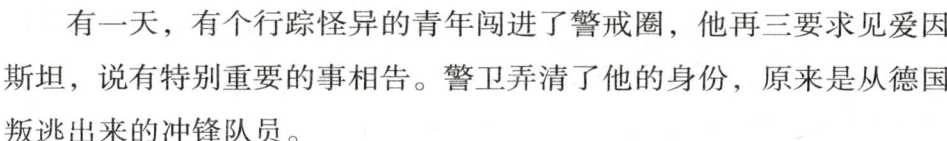

有一天，有个行踪怪异的青年闯进了警戒圈，他再三要求见爱因斯坦，说有特别重要的事相告。警卫弄清了他的身份，原来是从德国叛逃出来的冲锋队员。

"我带来了你们喜欢的东西。"

"是什么东西呀？"

"这是纳粹的秘密文件，我冒着生命危险把它带出来的。所以，我至少应该得到5万法郎的报酬。"

艾尔莎夫人听了感到莫名其妙。

"我丈夫并不需要这些文件呀。"

"不过，这些可是非常宝贵的情报哩！"那叛逃的冲锋队员说。

"你为什么专程把它带到这里来呢？"

"这还用问，爱因斯坦先生是反对纳粹的领袖呀！"那青年理直气壮地说。

在闹了这么一个笑话后不久，爱因斯坦的老朋友法兰克教授来探望他。法兰克在由伦敦返国途中，获知爱因斯坦在比利时，便跑到奥斯坦德附近到处打听他的住址。虽然警方曾严令四处居民不得透露爱因斯坦的行踪，但憨厚的法兰克居然还是找到了那栋别墅。

爱因斯坦见到法兰克非常高兴。当他知道比利时警方对他采取的保护措施竟未奏效时，不禁哈哈大笑起来。

"阿尔伯特，我们还是搭船去英国吧！"艾尔莎夫人不安地劝道。

"是呀，我看你在这里不便久留。"法兰克教授也很关心他的安全。

爱因斯坦被说服了，终于决定离开比利时。

一个漆黑的夜晚，爱因斯坦夫妇从欧洲东海岸一个秘密地点搭上船，悄悄地渡过了多佛尔海峡。

英国对爱因斯坦表示了崇高的敬意。他们像欢迎一位反法西斯英雄一样迎接他。不同的只是，爱因斯坦这一次仿佛成了反谍影片的主角，他和夫人一到伦敦，警方就采取了严密的保安措施。在他们下榻的公馆外面，埋伏了许多警卫人员。爱因斯坦的身边，随时都有保镖跟随。因为就在爱因斯坦抵英前不久，有个与他同在一张黑名单上的犹太学者被纳粹暗杀了。所以，英国政府采取了谨慎措施。

爱因斯坦在英国短暂停留期间，参观了国会。他还出席了一次民间欢迎集会，当他走上讲台演说时，上万听众起立向他致敬。

几天以后，爱因斯坦搭上了开往美国的"西部号"客轮。与他同行的人，除了夫人艾尔莎外，还有助手梅厄博士和秘书杜卡斯女士。

这是一次秘密的旅程，码头上没有新闻记者的采访，也没有欢送的人群。爱因斯坦登上客轮，打趣地对夫人说："看来我应该向纳粹道谢，没有他们的通缉，我还不可能这样悠闲清静地离开一个地方。"

客轮驶出港口，船尾留下一条长长的浪迹。几只白色海鸥在空中翻飞着，仿佛在为他挥翅送行。爱因斯坦就此离别了他深深眷恋的欧洲，这一去，他再也没有回来过。

十天后，"西部号"客轮驶入纽约港。船还没有靠近码头，爱因斯坦就换乘一条小艇驶到岸边登陆。然后乘上汽车，不声不响地直驱普林斯顿。历史记下了这一天：1933年10月17日。

爱因斯坦到达目的地后获知的第一个消息，就是纳粹党已经没收他的全部财产，包括卡普特别墅和他喜欢的那艘小游艇。

1934年11月，美国芝加哥《政治》月刊一个名叫阿林生的人，写了一篇批评爱因斯坦改变和平主义者立场的文章，题为《爱因斯坦，请你为欧洲和平发言》。爱因斯坦写了题为《和平主义的重新审查》一文，以现实角度呼吁人们丢掉幻想，准备与希特勒的纳粹德国作殊死战斗。

爱因斯坦和平主义者立场的改变，还有一个重要的原因，就是希特勒一上台，他就敏锐地看到，一场新的战争就要爆发了，而且是不可避免的，所以他呼吁欧洲各国人民迅速做好物质与心理上的准备，这一点恐怕是许多政治家都比不上的。

整个30年代和40年代，为打垮纳粹，为保存文明的价值，爱因斯坦从未停止过有力的呐喊。

1937 年 4 月 18 日，纽约举行支持西班牙共和国的群众集会，参加的有 3500 人，爱因斯坦因病没有出席，但他请人在集会上宣读了他的电报：

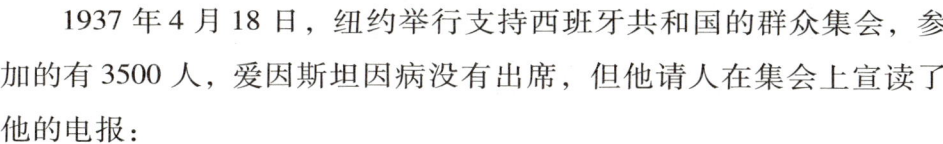

> 我首先要大声疾呼，为拯救在西班牙的自由，必须采取强有力的行动，这是一切真正的民主主义者义不容辞的责任。即使西班牙政府和西班牙人民没有表现出如此可歌可泣的大无畏精神和英雄气概，这种责任还是存在。要是在西班牙丧失了政治自由，那就会严重危及德国的政治自由。祝愿你们能够唤醒民众积极支持西班牙人民。
>
> 我衷心祝愿你们在这一正义和意义深远的事业中取得成功。

第二次世界大战使爱因斯坦的社会思想发生了巨大的变化，即从以前抽象的人道主义范畴里的良心、正义转换为切实具体的社会责任感。

> 我们忍受痛苦而死，为的是使你们能够自由，使和平和正义能够胜利。你们，活着的人们，千万不要忘记由于我们的牺牲而加给你们的责任。

# 具有善良正直的心

爱因斯坦从来到柏林的第一天起就强烈地感受到，黄皮肤、黑头发的犹太人，在金发碧眼的日耳曼人的眼里，不仅仅是贱民，连末等公民都算不上。无论是读大学还是找工作，处处都受到歧视，就连在大街上行走，都会遇到鄙夷的目光，听到从牙齿缝里挤出的咒骂："犹太狗杂种！肮脏的猪！"

尽管许许多多有才干的犹太人，在学术界、艺术界和金融界取得了很高的地位，但是作为一个民族，犹太人又是十分不幸的。同胞的不幸也就是自己的不幸，爱因斯坦越来越强烈地感到，自己是不幸的犹太民族中的一员。

是的，爱因斯坦就出生在一个犹太人的家庭，而且是一个德国巴伐利亚州的犹太人家庭。

当时的德国是一个教权思想很重的天主教国家，宗教气氛也十分的浓厚。巴伐利亚州的法律规定：所有学龄儿童都必须接受宗教教育。

因此，当时的许多学校都是由教会来开办的。德国既然是个天主教国家，当然绝大多数的学校都是由天主教教会开办的，由犹太教教会开办的学校只有极少的几所。

爱因斯坦到了上学的年龄，按理说他应当和当地绝大多数的犹太人家庭的孩子们一样，一起被送到当地的犹太教教会开办的学校去念书。

然而，他父母的思想却比较开通自由。他们不是那种老式家庭出身的犹太人，他们都受过比较现代的科学与艺术教育，接受过西方人

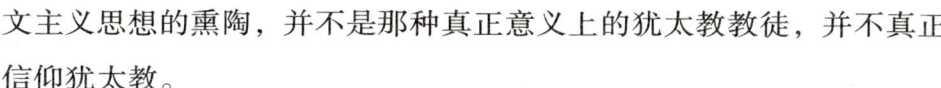

文主义思想的熏陶，并不是那种真正意义上的犹太教教徒，并不真正信仰犹太教。

他们平时从来不去犹太教堂做礼拜，也不遵守那些世代相传的犹太教教规。在父亲的眼里，孩子信仰犹太教还是天主教，或者干脆什么宗教也不信仰，都没有什么关系。

爱因斯坦的父亲想到的是孩子今后如何在这个社会上更好地生存？他已经认识到：他们所生活的这个国家是一个天主教国家，犹太教在这里被看成是异教，犹太教教徒被看成是异教徒，处处都会受到社会的歧视和排斥。

那么，为什么非要孩子去接受他自己也不明白的犹太教教义和教规，硬把他培养成一个与主流社会格格不入的异教徒，从而使他的一生都离不开受歧视的命运呢？

他认为应该把小阿尔伯特送到周围所有的德国孩子都去的天主教教会办的小学去念书，让他从小就能和周围的小伙伴们一样接受同样的教育。

通过这条途径，使孩子逐渐消除自己与日耳曼种族之间的隔阂，最终完全融合到主流社会中去。

父亲这样做，还有一个比较现实的考虑：慕尼黑的犹太教学校开办在市内，而他一家住在慕尼黑郊外，离学校相当远，送孩子去上学也确实极不方便。再说，犹太教学校收费比较昂贵，而天主教学校收费则比较低廉，这对家庭经济状况并不十分富裕的赫尔曼先生来讲，也有着一定的吸引力。

然而作出这样的选择，无论对于父母，还是对于爱因斯坦本人，都需要有足够的勇气。因为毕竟他将要去的是一所天主教学校，对于他这样一个犹太孩子，尤其是学校中唯一的一个犹太孩子，将要承受很大的压力。

不知是有意还是无意，那种宗教与宗教之间存在了近 2000 年的根深蒂固的歧视和成见，几乎随时随地都会反映出来。

"爸爸，什么叫作犹太人啊？"有一天，从学校里放学回来，爱因斯坦问父亲。

"犹太人？我们家里的人都是犹太人。"

"哦，那么，我们不是德国人了吗？"

"不，我们是德国人，是不折不扣的德国人。不过，从血统上来说，我们是犹太人。"

爱因斯坦思考了一会儿，又问道："爸爸，听说犹太人的上帝和德国人的上帝是不同的，还有耶稣是被犹太人杀害的吧？"

父亲用力地摇了摇头，说："不！上帝只有一个。没有所谓谁的上帝、哪一国的上帝。而且，将耶稣钉在十字架的并不是犹太人，而是罗马的官吏。虽然背叛耶稣的是一个叫作犹大的太人，不过，耶稣也是犹太人呀。"

"哦，耶稣也是犹太人？"不大爱说话的爱因斯坦又沉默了。

爱因斯坦身为犹太人，这给他的一生都带来了重要的影响。可是，说来也奇怪，一直到爱因斯坦 6 岁，上了小学以后，他才知道自己是一个犹太人。

犹太人实际上可以大致分为两类。居住在像柏林那种大城市里面的一些犹太人，大都是在城里设置一个叫犹太区的特别地区，所有住在那里的犹太人，都过着和外面全然不同的生活。他们的思想认为，只有耶和华才是这个世界上唯一的神，而也只有犹太人才是经过神选择的唯一的民族，即所谓"上帝的选民"，其余的民族都是卑贱的异教徒。

在这类犹太人看来，柏林的市街就是外国，甚至于是敌国。他们只同犹太人交往，读犹太教的《圣经》，进犹太教的教堂，开办犹太人的学校。犹太区的皮鞋店只替犹太人做皮鞋；理发店只替犹太人理发。有很多人是至死不从犹太区走出一步的。

爱因斯坦虽然也是犹太人，但却不是这种犹太人，因为从他的祖先几代下来，长久都居住在乌尔姆，所以，他们已经和那里和蔼可亲的居民完全同化了，他们已经忘记了自己是犹太人，别人也没有与他们来往。

在爱因斯坦的小学里，他是唯一一个犹太孩子。爱因斯坦一进到学校，立即被取了两个绰号：一个是"老实人"，另一个是"无聊伯伯"。因为他还是像从前那样不爱说话、孤独，当其他的孩子们在一起游戏的时候，爱因斯坦总是独自坐在校园的一角，静静地一个人想事情。

说实话，爱因斯坦并不怎么喜欢去学校。

爱因斯坦的班主任，竟然是帝国军队的一位后备役上尉。每天他一走进教室，学生们就得按照规定立即笔直站立起来。

上尉待大家站好后，高声喊道："万岁，恺撒！"

学生们则要回应"万岁！万岁！"然后才能坐下。

学校的教学活动也充满了军事化色彩。

无论是数学课，还是希腊文或拉丁文，都变成了毫无生气、硬邦邦的训练，课堂好像练兵场。

爱因斯坦并不习惯这种军事操练一样的教学活动，更不会死记硬背书本。因此，在爱因斯坦的记分册上，几乎没一门功课是可以夸耀的。

爱因斯坦最大的乐趣，是回家去念自己所喜欢的代数。当他能够顺利地求得答案的时候，别提多兴奋了。

有时候，他靠在窗边练习小提琴，作为休息。

小学时代，只有一件事使他永远难忘。

那是他9岁的时候。有一天，上教义课，爱因斯坦早早做好了准备。他对宗教已经开始有了兴趣，预备认真地听一听。

老师来了。一进门，同学们就瞪大了惊疑的眼睛，因为老师手拿一枚锈迹斑斑的大铁钉走进教室。

老师清了清嗓子，开始讲课：

"今天，我们讲耶稣受难的故事。"

课堂里的气氛顿时紧张起来。

"我们的主耶稣，被凶残的罗马人，用这样的大钉子把手和脚钉在了十字架上，身体高高地悬挂在天空，鲜血一滴滴地往下流。罪恶的人们，居然还耻笑他说：'如果你是上帝的儿子，你就从十字架上飞走吧！'

"我们的主耶稣万分痛苦，他为人们送来了福音，为黑暗的尘世送来了光明，可是，人们却如此对待他们的主！"

爱因斯坦热爱耶稣，他也为救世主所遭受的非人的折磨而心碎，为犹太人中出现了犹大这样的叛徒而惭愧。

教义老师举起了他手中的钉子，用颤抖的声音喊道：

"同学们，你们知道是谁把耶稣出卖给罗马人吗？"

教室内鸦雀无声。教义老师扫视了一圈，用充满仇恨的声音说道：

"是犹太人，犹太猪！"

老师的话，犹如一声炸雷，在爱因斯坦耳边轰响。

全班的视线都集中到唯一的犹太人爱因斯坦身上，那一道道眼光中充满仇恨和蔑视。他感到很大的耻辱。爱因斯坦想向全班同学喊：

"犹太人中间出了个犹大！可这并不说明每一个犹太人都想这样干！"

爱因斯坦永远也不能忘记那一天，他第一次感觉到了作为一个犹太人的屈辱地位，也第一次清楚地意识到了自己的犹太人出身。

的确，犹大背叛他的老师是不对的。祖先当中出了这么一个卑鄙的人，这是犹太民族的耻辱；但是，如果因此而要鄙视犹太民族的话，那也未免太狭隘了。

世界上的人为什么不会因出了一个救世主耶稣，而更加尊敬犹太民族呢？从那时起，在他心中就种下了终生反对种族歧视，反对社会上一切不公正的种子。

在学校里，宗教的歧视与成见，爱因斯坦有时觉得还可以忍受，因为这毕竟是他们这个民族一千多年来一直都在承受的东西。而令他无法容忍的是这种弥漫在他四周的、无处不有的君权神授、德意志高于一切的专制空气。学校的教育也是为了这个最高的目的服务的，要把每一个德国孩子，都培养成一个为这个巨大的专制机器服务的士兵。

记得有一天，爱因斯坦正在学校的操场上和同伴们玩耍，忽然，从校园的外面传来了一阵整齐威武的军号声。原来是一支德国皇帝的军队，正列着整齐的方阵，通过慕尼黑的街道，去接受皇帝的检阅。

爱因斯坦看到临街楼房平时总是紧紧关闭着的窗子，这时都打开了，数不清的人头挤到窗前，大声为街道上通过的军队举起右手，大声地呼喊着："为了皇帝，为了德意志，前进！"

小爱因斯坦被眼前的景象惊呆了。

他有生以来第一次领悟到：人可以被训练得像机器一样，简直太可怕了！人怎么可能变成完全没有个人意志的动物？他开始清楚地意识到学校里对他们进行的全部教育，也正是要把他们每一个学生都训练成眼前这样的机器人。

爱因斯坦在成年后还对当时这种普鲁士的教育制度进行了批评。他写道：

> 有时，人们把学校简单地看作是一种工具，靠它来把大量的知识灌输给成长中的一代。但这种看法是不正确的。知识是死的，而学校却要为活人服务。它应当发展青年人中那些有益于公共福利的品质和才能。但这并不是意味着个性应该消灭，而个人只变成像一只蜜蜂或蚂蚁那样，仅仅是社会

的一种工具。

　　一个没有个人独创性和个人意愿的整齐划一的社会，将是一个没有发展的不幸的社会。相反，学校的目标应当是培养能独立行动和独立思考的个人，不过他们要把为社会服务看作是自己人生的最高目的。

　　这一天爱因斯坦在慕尼黑大街上看到的一幕，永远铭刻在他的记忆中。人怎么能被剥夺走他的自由意志？他自由的天性对这种丑陋的专制政体产生了一种天然的憎恶，从而也导致了他对他自己生活的这个国家，即德意志帝国的憎恶。

　　从这以后，每当大人们聚在一起闲聊时，只要话题偶然触及了战争，触及了德意志帝国的复兴，小阿尔伯特就会很快地站起身来，逃跑似的离开房间，避开所有的人。

　　也正是从那个时候开始，他幼小的心灵中，已经种下了赶紧逃离这个可怕的国家的想法。

　　柏林的犹太人分为两派：一派主张犹太人和德国人同化，另一派主张犹太人回到自己祖先居住过的巴勒斯坦，重建犹太国。同化派和复国派内又有许许多多小派系。爱因斯坦对于这些派系之争从来不感兴趣。

　　然而，在第一次世界大战之后，犹太复国主义者的主张胜利了。在当时，犹太复国运动在柏林和伦敦的官场里有着坚强的后盾。参加复国运动的领袖也全部都是精明能干的人，他们把那些态度不明朗的、有威望的犹太人列出来一个名单，一个个登门拜访，进行说服、争取和拉拢。

　　1919年2月的一天，一位说客来到哈贝兰大街5号。来客先说了一通犹太人在欧洲各地如何受歧视、受迫害，爱因斯坦天真地问："可是这和犹太复国有什么关系呢？"

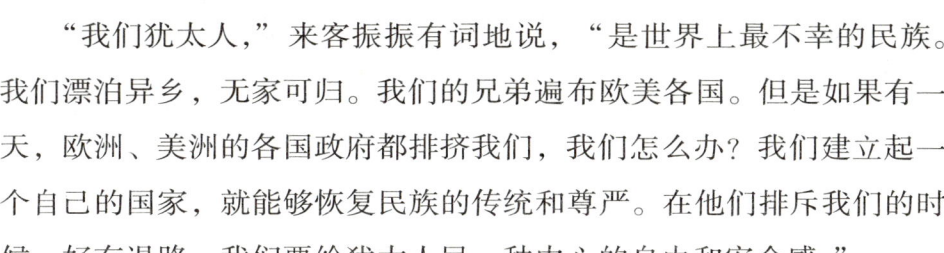

"我们犹太人，"来客振振有词地说，"是世界上最不幸的民族。我们漂泊异乡，无家可归。我们的兄弟遍布欧美各国。但是如果有一天，欧洲、美洲的各国政府都排挤我们，我们怎么办？我们建立起一个自己的国家，就能够恢复民族的传统和尊严。在他们排斥我们的时候，好有退路。我们要给犹太人民一种内心的自由和安全感。"

给遭受歧视的同胞带来一种内心的自由和安全感，这个思想打动了爱因斯坦的心，他的谈话活跃起来了。说客看出，爱因斯坦坚定地站在受苦人一边；同时，也看出他对于政治上的权术和计谋是一窍不通的。

经过几次谈话争取之后，爱因斯坦表态了，他说："我反对民族主义，但我赞成犹太复国运动。一个人，如果有两条手臂，他还总是叫嚷说没有右臂，还要去找一条，那他就是沙文主义者。但是，一个人如果真的没有右臂，那他就应当想办法去弥补这条失去的右臂。作为人类的一员，我反对民族主义。作为一个犹太人，从今天起，我支持犹太复国运动。"

1921 年春天，犹太复国运动的领袖魏茨曼教授要到美国旅行，动员美国的犹太大老板掏腰包，资助耶路撒冷的希伯来大学。他邀请爱因斯坦同行。爱因斯坦本不想去美国，但为了带头支持在耶路撒冷建立希伯来大学的计划得以实现，他还是接受了邀请。正如他给索洛文

的信中所述：

> 我根本不想去美国，这次去只是为了犹太复国主义者，他们为建立耶路撒冷大学不得不到处乞讨，而我也只好当一个化缘和尚和媒婆去跑跑。

爱因斯坦不辱使命，帮助魏茨曼圆满地完成了任务。他头一次看到犹太群众。他自己也很满意，宣称这次为旅行所付出的牺牲是值得的。

1924年，爱因斯坦成了"柏林犹太教全体以色列人大会"的缴纳会费的会员。尽管爱因斯坦并没有加入犹太复国主义的组织，但他却认为犹太复国主义是为个人的尊严而斗争的重要形式。

从此，爱因斯坦对犹太人命运的关注则是他善良正直心灵一直牵挂的主要问题。

1930年10月下旬，伦敦犹太人组织了一次晚会，英国文豪萧伯纳与威尔斯应邀出席。爱因斯坦在晚会上作了长篇演讲，题为《犹太共同体》。

爱因斯坦在晚会的讲演中对犹太人的过去与未来、希望与痛苦、现实与理想进行了广泛的论述，这也是爱因斯坦犹太民族感情的一次充分展露。

# 关心人的本身

早在 1921 年，爱因斯坦在布拉格讲学时，曾见过一个个非见他不可的人，有位不知名年轻人说："教授先生，你提出了一个伟大的公式，$E = mc^2$，希望能发明一种巧妙的机器，把物质中亿万个原子所蕴藏的能量，通通释放出来，到那时候……"

爱因斯坦静静地听着，笑着说："不要激动，年轻人，现在不是细谈这事的时候，你知道吗？"因为当时的物理学还没有发展到这个地步，即能够把 $E = mc^2$ 这个公式应用到实际中。大多数物理学家认为，把原子的质子蕴藏着的能量释放出来，那也许是一百年后的事情。有人干脆说，那是永远也实现不了的事情。

第二次世界大战爆发了。1939 年夏，爱因斯坦面临一个重要性和尖锐性都无可比拟的问题。早在 1939 年 1 月 17 日，柏林《自然科学》杂志报道了哈恩、施特拉斯曼合著的《论铀在中子轰击下……》。

爱因斯坦与随之赶来的波尔进行了讨论。难道那不可能发生的事情就将发生？面对实验结果，费米教授惊呆了。

铀的链式反应就是炸弹！它的威力比普通的炸弹不知高出多少倍。霎时间，千千万万生命会被烧成灰烬。

1939 年 7 月，西拉德和另一位物理学家维格纳前往长岛海边，爱因斯坦正在那里避暑。

街上一个 7 岁的小孩很熟悉爱因斯坦，给他们指出了爱因斯坦居住的别墅。

西拉德回忆说：

　　爱因斯坦并没有想到在铀内可能产生链式反应。但当我刚一向他提出这种可能性的时候，他可以说是立刻对这种反应可能产生的后果作出了评价，并且表示愿意帮助我们。

　　但是我们觉得在通知比利时政府以前，还是应当把我们的计划报告给美国白宫。于是把维纳格建议起草的给比利时政府的信，抄送美国白宫一份。这样决定之后，我和维格纳就离开了他的别墅。

　　西拉德同自己的熟人、朋友商量了一下，最后会见了芬兰人亚历山大·萨克斯，他是罗斯福的朋友和非正式顾问，经常待在总统身边。萨克斯认清了关于铀裂变的情报的意义，西拉德决定让爱因斯坦写信给罗斯福，并预先准备好一份信稿。

　　8月2日，西拉德偕同爱德华·泰勒再次去见爱因斯坦。

　　他们共同完成给罗斯福总统的信。

　　这封信10月11日才呈交给罗斯福。起初，罗斯福还没意识到问题的严重性，他未置可否地听取了萨克斯的陈述。事情竟被搁置起来。

　　萨克斯回到住处，怎么也睡不着。他在华美的地毯上来回踱步，思忖着这件事，他越想越觉得这件事情关系重大，越想越觉得自己肩上的担子沉重。

　　虽已进入秋季，但他还是感到闷热，焦虑万分地走出房间，来到一个小公园内，在黑暗中冥思苦想，怎样才能引起总统的注意，重视这个问题呢？突然，一个历史故事浮现在他的脑海里，萨克斯知道该怎么说服总统了。他返回住处，沐浴更衣，天一亮就向白宫奔去。罗斯福正在用早餐，他知道萨克斯又要旧话重提，带有讽刺地问道："亚历山大，你到底要说多少时间？"

　　"总统先生，我讲一个历史事实。"萨克斯顾不上罗斯福的态度，

就说起来，"当年，美国发明家富尔顿发明了以蒸汽为动力的轮船。他听说拿破仑皇帝想征服英国，就向皇帝陛下提出建议，造一支新型舰队。这支舰队不挂帆，不管刮什么风，都能横渡英吉利海峡。可拿破仑对这个建议却置之一笑。"罗斯福沉默了，政治家对历史的教训毕竟是敏感的。

"我们应当跑在纳粹德国的前头，否则他们将把我们炸得粉碎。对不对？"

"是这样。"

萨克斯的心放下了。

总统按了一下电铃，他的秘书瓦森将军进来了。总统把爱因斯坦的信递给他说："需要行动起来了。"

在罗斯福总统的首肯下，筹备制造原子弹的工作紧锣密鼓地开展起来。起初，工作进展得并不快。

1940年3月，爱因斯坦给总统寄去了第二封信，重申纳粹德国对铀的兴趣提高了。尽管有罗斯福的支持，但是由于政界和工商界的某些原因阻碍了工作的开展。最后在纳粹炸弹的威胁下，各方才齐心协力，加快了研制原子弹的进程，使美国在"二战"结束前拥有了原子弹。

1945年夏天，爱因斯坦像往年一样，正在纽约州萨兰那克湖畔的一座别墅里度假。8月6日下午，爱因斯坦到茶楼吃茶点，秘书杜卡斯在客厅里等他，脸色很沉郁。爱因斯坦没注意到这些，他手里拿着长烟斗，朝自己坐的沙发走去。

杜卡斯低声对爱因斯坦说："今天早晨，一架B29轰炸机在日本广岛投下了原子弹。这是无线电里刚刚播放的。"

"Oweh！"爱因斯坦喊了一声。那是德国话——"哎，真糟！"一声痛苦和绝望的呼喊。

爱因斯坦的双脚，像是钉死在地上。杜卡斯走过来，扶他在沙发上坐下。爱因斯坦坐在那里，像一尊大理石雕像。

几秒钟过去了，他一动也不动，在他思想的大海里，风暴来临了。两天之后，长崎又遭到第二颗原子弹的轰炸。

1931年爱因斯坦曾经这样告诫青年：

> 如果你们想使自己的一生的工作有益于人类，那么，你们只懂得应用科学本身是不够的。
>
> 关心人的本身，应当始终成为一切技术上奋斗的主要目标；关心怎样组织人的劳动和产品分配这样一些尚未解决的重大问题，用以保证我们科学思想的成果会造福于人类，而不致成为祸害。在你们埋头于图表和方程时，千万不要忘记这一点。

# 完整的人生

　　想象力比知识更重要，因为知识是有限的，而想象力概括着世界的一切，推动着进步，并且是知识进化的源泉。严格地说，想象力是科学研究的实在因素。

—— 爱因斯坦

# 做一个完整的人

爱因斯坦曾经表示："我自己就体会到，既要从事呕心沥血的脑力劳动，又要保持着做一个完整的人，那是多么困难啊。"爱因斯坦所说的做一个"完整的人"不是指无缺陷、无疤痕的人，不是与"赤金"类比那种意义上的"完人"。他常提到的作为"完整的人"的对立面，就是指那样的一些人。

他们沉溺在抽象的问题之中，对人类最迫切的需要视而不见，一碰到政治问题就采取最小阻力政策，完全躲避到自己的专业知识里去。在爱因斯坦看来，这绝不是"完整的人"。

爱因斯坦充分了解到，科学家不是生活在抽象思维和实验操作的真空里，科学家是一个人，他必然生活在一定的社会、道德和政治的气氛中，而这种气氛是受到他所在的那个国家制约的。

科学家辛勤地劳作是为了全人类的事业，是为了人对宇宙世界的认识，而这种事业和认识一方面推动着社会力量的进步，另一方面也受到社会力量一定程度上的控制。

科学家创造的成就在付诸应用时同样由这些社会力量来定向，同时科学家本身也不应该脱离这个社会力量而置身事外，科学家就是社会的一员。

爱因斯坦在感到做一个完整的人显得困难重重时，心中所焦虑的是社会力量如何对待他心目中的世界图像，和他所追求的真理的。他始终抱有一个信念：世界是统一的、和谐的、完美的，其规律是那样的美妙，让人感到自身的渺小。

人所置身的这个社会世界也应该是统一的、和谐的、完美的。对他来说，单纯的才智不能代替道德上的正直和政治态度上对正义的维护。

正像对待知识他永远是一片赤诚之心一样，对待社会问题他也总是光明磊落，不因强权而屈服，不因邪恶而退缩，不因凶残而躲避。是生活、事实、政治警告了爱因斯坦不能做一个书斋中的学者。

他和他的理论都经受过风雨严寒的袭击，这种袭击相当一部分并非来自学术界，因而使他的大脑越来越清醒。他所遭到的围攻、歧视、误解、人身攻击，甚至被抄家、被凌辱、著作被烧毁、财产被没收、被剥夺公民权、被悬赏，这一切都曾横亘在他的面前，他未曾低过头。

如果说爱因斯坦对社会正义、对残杀是出于一种本能的直觉反对的话，那么当他面临着死亡的威胁，面临着恐吓与辱骂的时候，他就已经是一个奋起抗争的战士了。

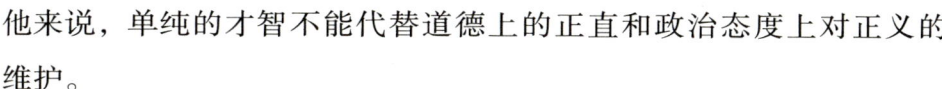

爱因斯坦·完整的人生

# 甘心于淡泊名利

全世界都在谈相对论。各式各样的哲学家、科学批评家、打油诗人、漫画家、无孔不入的商人，更是在前所未有的爱因斯坦热、相对论热中推波助澜。

有人是正经八百地谈，有人在瞎扯淡，更多的人是在赶时髦。一个美国富翁出 5000 美元巨额赏金，征求一篇 3000 字的介绍相对论的文章。

市场上的烟贩子在叫卖"相对论牌"的香烟和"爱因斯坦式"雪茄。

英国的一家报纸上刊登了一幅漫画，把相对论和英国人特别爱好的侦探故事结合起来了：夜晚，一个大侦探手拿电筒，照出一束强光，光线绕过两个大弯，落到正在撬保险柜的窃贼身上。漫画的标题是：爱因斯坦，这是小意思！一位打油诗人这样描写相对论的尺缩效应：

> 杰克小子剑术精，出剑迅捷如流星，不料空间一收缩，长剑变成小铁钉。

到了这个时候，所谓相对论热已经变成了一场闹剧。严肃的物理学理论竟被新闻媒体煽起的热浪冲得面目全非。

爱因斯坦深知人们在崇敬自己的同时，又在填补自身的无知与无聊。和人家的赞誉对着干，板起面孔作高深状，天性善良的爱因斯坦做不出来；顺水推舟，在人们浅薄的赞誉中欣欣然，乐融融，爱因斯

坦的境界自然不会这么低。怎么办呢？

爱因斯坦的幽默与诙谐又一次派上了用场。他写道：

我走到那里，我站在这里，总看到眼前有一张我的画像，在写字台上，在墙壁上，在围着脖子的黑丝带上。

男男女女怀着仰慕的神情，来索取签名留念。

人人都从那可敬的好小子那里，讨到一个带钩的签名，有时我感到无比的幸福。

在那清醒的时刻我却想：是我自己已经发疯，还是我误入了牛羊群中？

爱开玩笑的爱因斯坦，写下了如此打油诗后，心里有些诚惶诚恐。人们即使受到他的讽刺，仍觉得是一种难得的荣幸，还喜不自禁地说："看，这才是真正的名人！平常人谁有这份幽默？"

记者们一拨又一拨地按响了哈贝兰大街5号的门铃。

谈话、采访、拍照、没完没了的追问、故作深刻的对话、添油加醋的渲染，还有廉价的吹捧，把爱因斯坦弄糊涂了，也弄得他万分紧张。

爱因斯坦不无感慨地说："我最凶恶的敌人是邮递员，我已摆脱不了他的奴役了！"

每天早班邮件一到，围攻就开始了。他会收到成百上千封讨照片、讨亲笔签名的信。

许多信封上连地址也没有，只有"阿尔伯特·爱因斯坦"几个大字。也有一些讨论科学问题的信。

有人请他解释空间怎么会弯曲，有人请他证明宇宙怎么能有限，有人请他说明时间怎么能像橡皮筋似的拉长缩短。

也有请求帮助的信：一个青年学生没有考上大学，请教授在教育部说说情；一个青年发明家的新发明被埋没了，请教授在科学院里讲几句话；一个年轻妇女作为"天文观察者"自荐效力；一家雪茄烟厂厂主告诉他已把自己生产的一种新型雪茄取名为"相对性"。

妻子艾尔莎成了爱因斯坦的收发秘书。她每天得把信件分类，一些她留下不回信，一些自己复信，余下的交给爱因斯坦过目。这项工作占去她整整半天时间，有时甚至整个晚上。尽管艾尔莎已筛选过，但信件仍使爱因斯坦伤透脑筋。

爱因斯坦说："我从不擅长说'不'。但现在，报界文章和信件不断地向我询问、邀请和要求，我每晚都梦见自己在地狱里被火焚烧。邮递员变成了魔鬼，对我大声呵斥，并把成捆的新信件向我头上掷来，就因为我未对过去的信件作出答复。"

后来，为了对付众多的信件，爱因斯坦想出了一个一举多得的办法：请慈善机构代办讨要照片和签名的信。谁捐了钱，就拿到爱因斯坦教授的签名和照片。

这样，既满足了名人崇拜者的虚荣心，又帮助了穷人，同时还节省了自己的时间。至于讨论问题和请求帮忙的信，爱因斯坦就自己复信，实在忙不过来，就请艾尔莎和女儿帮忙。

但是，另一种面对面的麻烦则更使爱因斯坦不得安宁：摄影家、画家、雕刻家，各式各样的艺术家都来找他。他们或者是想借爱因斯坦的名气去闯天下，或者想丰富自己的创作目录，或者想在历史上留下艺术家与科学家交往的动人佳话。

对于这些人，除了被艾尔莎客气而优雅地挡走了部分外，余下的就只有爱因斯坦教授自己到客厅里来周旋应付了。

这一天是1922年11月14日。就在4天以前，瑞典皇家学会宣布把1921年的诺贝尔物理学奖授予爱因斯坦，当时"北野丸号"邮轮正在大海中航行。

诺贝尔物理学奖是世界最高的科学荣誉。诺贝尔是瑞典著名的化学家，因发明硝酸甘油炸药获得专利，后来成为巨富。诺贝尔因潜心科研，终身未娶。他的遗嘱规定，死后把大部分财产献给瑞典科学

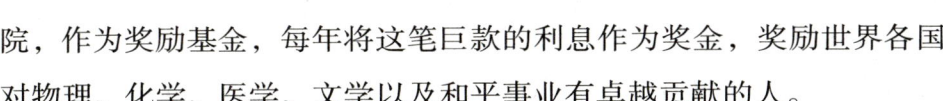

院，作为奖励基金，每年将这笔巨款的利息作为奖金，奖励世界各国对物理、化学、医学、文学以及和平事业有卓越贡献的人。

诺贝尔奖从 1901 年开始，每年颁发一次。先后获得诺贝尔物理学奖的科学家，有伦琴、洛伦兹、居里夫妇、汤姆逊、维恩、麦克尔逊、普朗克、劳厄等，其中不少人是爱因斯坦的朋友和同行。普朗克是 1918 年被授予诺贝尔物理学奖的，获奖原因是创立量子论。劳厄获奖时间还要早些，是 1914 年，获奖原因是发现 X 射线在晶体中的衍射。

爱因斯坦获诺贝尔物理学奖是当之无愧的。1905 年他发表的三篇论文，每一篇都够格获得诺贝尔奖；1915 年他完成的广义相对论论文，应该更不在话下。

读者一定会觉得奇怪：为什么直到 1921 年爱因斯坦才获得诺贝尔奖呢？莫非瑞典科学院那些评委老先生们打瞌睡了？

而且，这次授奖的方式和内容也是异乎寻常的。授予爱因斯坦的是 1921 年的诺贝尔物理学奖，可是瑞典科学院到 1922 年 11 月才宣布其决定，而爱因斯坦到 1923 年 4 月才实际收到奖金和奖状。这种马拉松式的授奖过程，也是找不到先例的。评奖委员会的措辞更为奇特：

瑞典皇家学会根据 1895 年 11 月 27 日诺贝尔遗嘱的规定，于 1922 年 11 月 9 日开会决定：无论相对论与引力理论有何价值，将 1921 年的奖金授予在物理学领域内作出重要发现或贡献的爱因斯坦，他在理论物理领域，建立了很大的功绩，特别是发现了有关光电效应的定律。

这太有意思了。事实上，光电效应只是爱因斯坦 1905 年的第一篇论文中的一个小标题！瑞典科学院只奖励了十个指头中的一根小指头，而把相对论这样的"大拇指"撇到一边去了。

这其中的原因有两个。一是诺贝尔的遗嘱中指明，奖金授予在规定学科任何一项上对人类提供最大利益的人，这个规定限制了获奖内容。自 1901 年以来历年获得诺贝尔物理学奖的，都是有关实验物理学的发现，其中有一些很难说与科学有什么直接联系。例如 1908 年将奖金授给法国人利普曼，他的成就是发明彩色相片复制法；1912年获奖的瑞典人达伦，只是因为发明了海岸灯光自动调节器。评奖委员会对于颁奖给理论性的研究成果，尤其是带有较强的推测性的，一般都很审慎。他们认为相对论即属于这种情况。除此以外，还有一个更直接的原因，就是相对论因为革命性太强，遭到了一些保守的物理学家的强烈反对。勒纳德甚至扬言，如果瑞典科学院把奖金授给相对论的创立者，他就要退回诺贝尔奖金，为了避免麻烦，评奖委员会的大师们迟疑了许久，绞尽脑汁，最终才想出这个绝招：以光电效应定律的名义，将奖金授予爱因斯坦。

这飞来的喜讯，并没有使爱因斯坦受宠若惊。他的成就早已得到举世公认。没有诺贝尔奖，爱因斯坦照样是爱因斯坦；而没有爱因斯坦，诺贝尔物理学奖才将大为减色。那笔丰厚的奖金，他后来全部寄给了前妻米列娃，作为她的赡养费。

1952 年，爱因斯坦的老朋友、以色列首任总统魏茨曼去世不久后的一天晚上，电话铃骤然响起，又是一位记者打来的。"听说要请你出任以色列共和国总统，教授先生，你会接受吗？"爱因斯坦说："不会。我当不了总统。"

"总统没有多少具体事务，他的职位是象征性的。教授先生，你是最伟大的犹太人。不，不，你是世界上最伟大的人。由你来担任以色列总统，象征犹太民族的伟大，再好不过了。"爱因斯坦说："不，我干不了。"

刚放下电话，电话铃又响了。这次是秘书杜卡斯去接的。"天哪，是华盛顿打来的。以色列大使要和你讲话。"她把话筒递给爱因斯坦。

"教授先生，我想请问一下，如果提名你当总统候选人，你愿意接受吗?"大使说。

"大使先生,关于自然,我了解一点;关于人,我几乎一点儿也不了解。我这样的人,怎么能担任总统呢?请你向报界解释一下,给我解解围。现在,梅塞街已经很不安宁了。"

"教授先生,已故总统魏茨曼也是教授呢。你能胜任的。""不,魏茨曼和我是不一样的。他能胜任,我不能。"

"教授先生,每个以色列公民,全世界每一个犹太人,都在期待你呢!"大使的话是很真挚的。

"那……"爱因斯坦被自己同胞的这一番好意感动了,"我怎么办呢?我会使他们失望的。"

当然,提名当总统,拒绝当总统,这样重大的事情,哪能随便在电话上决定呢?11 月 8 日,大使先生走进梅塞街 112 号的绿色大门。他带来了以色列总理的信,正式提请爱因斯坦为以色列共和国总统候选人。爱因斯坦也在报上发表声明,正式谢绝。

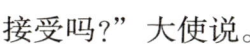

爱因斯坦·完整的人生

# 一切有求必应

有一位农民写信告诉爱因斯坦，他已给儿子取名为阿尔伯特，不知爱因斯坦是否愿意寄几句话，他想把爱因斯坦的话当作"一件法宝"，在他儿子成长时，来勉励他上进。

爱因斯坦用英文写了回信：

雄心壮志或单纯的责任感不会产生任何真正有价值的东西，只有对于人类和对于客观事物的热爱与献身精神，才能产生真正有价值的东西。

那位父亲收到回信后，无比欣喜。他又写信给爱因斯坦，寄上一张小阿尔伯特的照片，并说他要捡一袋土豆送给爱因斯坦以示感谢。后来，爱因斯坦真的收到了一口袋土豆。

一个印度人从新德里给爱因斯坦写来一封絮絮叨叨的信，向爱因斯坦求援。他说自己是一位32岁的单身汉，希望自己的余生全部用来研究物理学和数学，虽然他承认自己在这些方面才能低劣。他一贫如洗，连寄这封信的邮票也买不起。在年轻时，因生活拮据，使他无法在科学和数学领域打下坚实的基础，虽然他一向对这些学科十分爱好。

迫于家境，他不得不求职谋生，而这与他的内心是格格不入的。好在一年多以前因一次小口角他被解雇了，所以他现在可以自由地去从事自己真正的使命了。但可悲的是他连维持温饱的收入都没有，他下定决心，不管能否得到帮助，都将继续努力，死而后已。他希望爱因斯坦能够帮他一点忙。

爱因斯坦用英文写了一封篇幅较长的信，这封回信不仅彬彬有礼，而且饶有趣味：

> 来信收悉。你继续研究物理的炽热愿望使我深为感动。但是，我必须指出，我不同意你的观点。我们的衣食住行都是同胞们辛勤劳动所创造的，我们应该诚实地回报他们的劳动。我们不仅应该从事一些使自己满意的工作，而且还应该从事公众认为能为他们服务的工作。不然的话，不管一个人的要求多么微不足道，他也只能是一个寄生虫。
>
> 贵国的情况更是如此，在那里受过高等教育的人，应当加倍努力工作，因为大家都在为改善经济而努力。

1951年3月21日，加利福尼亚州的一位大学生写信给住在普林斯顿的爱因斯坦，询问他是否记得出席过那里一座小天文台的落成仪式。她接着就向爱因斯坦求教。长期以来，她一直对天文学抱有浓厚的兴趣，并渴望成为一名职业天文学家。但她的两位老师说，天文学家已过剩，并且她在这一领域也不足以有所成就。她承认自己的数学并不出色，她问爱因斯坦，自己是否应该继续学习天文学，还是应该另选她能够从事的学科。

爱因斯坦用英文写了这样一封回信：

> 如果一个人不必靠从事科学研究来维持生计，那么科学研究才是美妙的工作。一个人用来维持生计的工作应该是他确信自己有能力从事的工作。只有在我们不对其他人负有责任的时候，我们才有可能在科学事业中找到乐趣。

1920 年，英费尔德第一次见到了他神往已久的伟人爱因斯坦。当时，他在雅盖隆斯基大学学习，而在第五学年时想到柏林，在普朗克、劳厄和爱因斯坦那里完成自己的学业。但他出生在波兰，同时又是犹太人。

这在当时的普鲁士官僚机构中遇到非常不友好的接待是常有的事。犹豫很久之后，英费尔德决定向爱因斯坦求援。他鼓足勇气，用颤抖着的手给爱因斯坦打了个电话，怯生生地问道：

"爱因斯坦教授在家吗？"

接电话的是爱因斯坦的妻子艾尔莎，她说："在家。"

"我是从波兰来的学物理的大学生。我想见见爱因斯坦教授。教授见我一下行吗？"

"那当然。你最好现在就来。"

这个学生放下电话，那激动的心情是永生难忘的。后来，他在回忆录中对那次会面作了细腻的描述：

> 我在哈贝兰大街 5 号爱因斯坦的公寓门上按了电铃。我又胆怯，又激动。因为即将会见当代最伟大的物理学家，心里喜出望外。
>
> 爱因斯坦夫人把我领到一间摆满了沉重的木器家具的等候室里。我说明了来意，她表示抱歉，说我还得等一会儿，因为她丈夫正在和中国教育总长谈话。
>
> 我等着，由于焦急和激动，脸上一阵阵火辣辣的。终于，爱因斯坦打开了房门。他和中国人道了别，请我进去。
>
> 爱因斯坦穿着黑色的短上衣，条纹裤子，裤子上掉了一粒重要的扣子。就是那张脸，我在报纸和杂志上已经看过许多次，但没有一张照片能再现他那炯炯有神的目光。
>
> 我把事先准备好的一番话忘得一干二净。爱因斯坦对我

微笑一下，递给我一支烟。这是我来到柏林以后，第一次有人向我亲切地微笑。我结结巴巴地谈了自己的困难，爱因斯坦注意地听着。

"我倒很乐意替你写介绍信给普鲁士联邦教育部，可是一点儿用也没有。"

"那为什么呢?"

"因为我写过的介绍信太多了，"接着他以自信的口吻低声说，"他们是反犹太主义者。"

"那么，该怎么办呢?"

他在房间里踱过去，又踱回来，想了一阵。

"你是学物理的，事情好办一些。我来给普朗克教授写几句，他的推荐比我有力。对，这样办最好。"

他开始寻找写信的纸，纸就在书桌上，在他面前，我不好意思指给他看。最后，他终于找到了纸，写了几行字。他甚至不知道，我对物理学有没有了解，就已经写好了。他只知道我是纳坦松教授的学生，而纳坦松教授，爱因斯坦是认识的，而且很器重。

随后，他们谈了许多问题，爱因斯坦谈得很兴奋，而这个学生后来成了著名的物理学家、诺贝尔奖获得者。

# 享受音乐人生

爱因斯坦的母亲波琳是一位具有文化修养的女性。她爱好音乐，是爱因斯坦的音乐启蒙老师。

有一次，母亲坐在钢琴前轻轻地弹着琴键，一曲结束，她回过头一看，小爱因斯坦正歪着脑袋听琴！他听得那样入迷。

年轻的妈妈感到孩子有很强的音乐感，她很高兴地对小爱因斯坦说："瞧你一本正经的样子，像个大学教授模样！喂！亲爱的小家伙，怎么不说话呀？"小爱因斯坦沉浸在音乐的世界，不答一句话。那时他只有 3 岁。

爱因斯坦从 6 岁开始正式学习小提琴。波琳给小阿尔伯特请了一位市里著名的小提琴手当家庭教师，每周三次，在家里授课。

刚开始时并不十分顺利，枯燥无味的指法和弓法练习使他感到有些厌烦。传统的教学法使他每天必须在老师的严格监视下，一连几个小时地重复着同一个简单机械的动作。

每次授课完毕，他觉得自己的脖子都无法转动了，又酸痛，又僵硬。有时他自己都不知道能不能继续坚持练下去。然而当美妙的旋律逐渐从这些枯燥的音符中飘出来的时候，他的心灵得到了最大的安慰。他觉得，为了最终能进入贝多芬、莫扎特的奏鸣曲所展示给他的那个空灵、美妙与和谐的世界，吃再多的苦也是值得的。

经过了整整 7 个年头的勤学苦练，他的手指上已经磨出了厚厚的茧子，连光滑锃亮的小提琴琴面上也渗透了他苦练时淌出的汗渍。他终于熟练地掌握了小提琴演奏的各种技巧，在乐理上他也懂得了和声与曲式的结构。他能够在家庭音乐晚会上，娴熟地演奏出贝多芬的奏鸣曲和莫扎特的魔笛序曲了。

　　然而对于爱因斯坦来讲，使所有听过他演奏的人难忘的，并不是他那熟练的演奏技巧，而是他与乐曲之间，在心灵与精神上所达到的那种高度的和谐与一致。

　　爱因斯坦在伯尔尼专利局做小职员的时候，有一次，一位喜欢和人吵架的同事在和人吵架后，来找爱因斯坦评理。

　　爱因斯坦听他说话的火药味还很浓，大有一触即发之势，便笑呵呵地拿起心爱的小提琴，说："来，来，我们还是来拉拉亨德尔吧！"

　　这位同事忍不住笑了。因为作为德国古典作曲家的亨德尔的名字，在德语中也有"吵架"的意思。

　　1913 年之后，爱因斯坦被普朗克和能斯特两位物理学界的台柱人物请到柏林后，成了柏林科学研究院的院士，但他爱好音乐的天性，使得他生活的世界，依然是由音乐的音符和数学公式共同构成的一个和谐的世界。他到柏林当教授不久，就常在普朗克家里举行音乐晚会。

　　每当受到荷兰莱顿大学的邀请，爱因斯坦总爱住在他的朋友，大物理学家埃伦菲斯特家里。爱因斯坦从柏林来到荷兰，从吵闹的都会来到古老而幽静的小镇，实在感到清静和愉快。

　　当他听到四周大大小小的风车在悠然自得地随风转动并唱出"咿咿呀呀"的歌声时，他心里充满了诗情画意。

　　在埃伦菲斯特的家里，小提琴也常常参加科学家们激烈的科学论战。埃伦菲斯特和爱因斯坦由于某个问题在激烈地争论着，埃伦菲斯特思路是那样敏捷，那样善于抓住问题的本质。如果他发现爱因斯坦的话语中哪怕有一点漏洞，也会一下子抓住不放。当然，爱因斯坦也不是好对付的。在唇枪舌剑中争论得面红耳赤时，他们就想休息一会儿。

　　埃伦菲斯特和普朗克都是出色的钢琴家，爱因斯坦是一个小提琴家。爱因斯坦在这两位物理学家的伴奏下，拉出的小提琴旋律会增添

许多特殊的光彩。

当他们的演奏正在进行的时候，爱因斯坦突然停下了。他不拉了，然后用小提琴的弓用力地打击小提琴的琴弦，他的意思是让埃伦菲斯特停止钢琴伴奏。爱因斯坦又开始了他科学的独白。

埃伦菲斯特手搁在钢琴上细心地听着他的独白。他犹如森林中的猎人，正在端着猎枪等待着爱因斯坦的漏洞。一旦让他抓住漏洞，埃伦菲斯特将像猎人那样射出一排子弹。

有时爱因斯坦的思想遇到障碍时，他就会着急地走到钢琴前，用几个手指弹出一个清澈的大和弦，坚强而有力，反复地弹着三个和弦。

"当！当！当！"爱因斯坦在敲"上帝"的大门，又好像在向大自然发问：

"怎——么——办？"

有时，弹着弹着，"上帝"的大门给他俩打开了，这两个朋友从论战中又温和地相对而笑了。

对爱因斯坦来说，音乐是另一种逃避方式，而且是一种永远不会

犯错误的方式。第一次世界大战以后，爱因斯坦应邀参加了知识合作委员会。这是一个专门的技术性团体，隶属国际劳工局，活动范围适度，目的在于为恢复中断的相互联系做准备，促进学术活动。

有一天晚上，委员会在一个餐馆中聚餐。谈话围绕着当天的一些事情，大家都

想使自己避免卷入争吵。在杂乱的谈话声和碗碟碰撞的铿锵声中，乐队演奏着轻音乐。爱因斯坦默默地听着，他完全忘却了别人在谈论什么。

音乐是他的最高级的庇护所。突然，他站起来，与小提琴独奏者说了几句话，从那人手里拿过小提琴并开始演奏。笑容又浮现在他脸上，他表情放松，就像沉入梦中一样。

他一点儿都没有想到他站在一个时髦餐馆的演奏台上时所产生的景象，这时所有的眼睛都转向他。他孤独地演奏着，像是要把所有积压的痛苦一扫而光。

成双成对的年轻人到来了，匆忙地抢占座位，他们是来跳舞的，他们不耐烦地盯着那位独自在台上徘徊、充满老派音乐家气质的小提琴演奏者。他们开始表示这个人比那些讨厌鬼强不了多少，而爱因斯坦仍在继续着他的演奏，对于周围的一切都无动于衷。

当有人壮着胆子去告诉他时间太晚了，我们该回去了时，他才把小提琴归还给主人，微笑着向人家道歉，就在离去时，他还像在梦游一样。

有一天，爱因斯坦接到了一封信。信是这样写的：

亲爱的教授：

有一件急事，第二小提琴手的丈夫想和你谈一谈。

这封信没有写地址，第二小提琴手又是谁呢？原来她就是比利时王后伊丽莎白，她在未出嫁之前是巴伐利亚公主，是爱因斯坦的老乡和好友，更确切地说她是爱因斯坦的音乐之友。爱因斯坦每次到比利时来都要拜访这位王后。

王后是一个多才多艺的人，她爱好科学、文学，更喜欢小提琴。她生活朴素，思想开通，不摆架子，平易近人，比利时人都很爱戴她。不少人叫她为"红色的王后"。

有一次，比利时皇家汽车奉命去火车站接爱因斯坦。司机在头等车厢门口等着爱因斯坦下车，可是等旅客都走光了也没有见到爱因斯坦的影子。汽车司机只好空车回宫，向王后报告说教授并没有来。

可是，过了半个小时，爱因斯坦身穿一件旧雨衣，手拎着那把他最心爱的小提琴，来到了王后避暑的夏宫。原来爱因斯坦没有坐一等车，他坐的是三等车。教授从来最喜欢坐三等车，因为这样可以混在三等车的乘客中，避免被人认出来造成麻烦。

他从三等车厢下车之后，自由自在地走出了车站，边走边问路。等走到王宫大厅的时候，里面已经坐着三个人正在焦急地等待着他这个第一小提琴手了。只要爱因斯坦一到，四重奏就立刻开始。爱因斯坦担当首席小提琴手，王后陛下是第二小提琴手。

终其一生，爱因斯坦没有停止对音乐的热爱与痴迷。爱因斯坦自己说过：如果不是命运使他走上了科学的道路，他会成为一个很优秀的小提琴家。人们不怀疑这一点。他曾经在许多场合下，应朋友或主人的邀请，即兴演奏过小提琴。

在白宫，他就曾经给罗斯福总统和夫人演奏过。还有一次著名的演奏，是在20世纪初柏林德国皇家科学院的年会上，他和量子力学的创始人，德国皇家科学院院长普朗克合作进行过一次小提琴、钢琴二重奏。普朗克弹钢琴，他拉小提琴。

相对论的创始人和量子力学的创始人的这次合奏，被称为世纪的合奏。

正是相对论与量子力学这两根伟大的支柱，构筑了整个20世纪物理学和科学的无比辉煌的殿堂。他们两人的合奏配合得天衣无缝，演奏完毕，整个皇家科学院的大厅淹没在一片掌声之中。

凡是亲耳聆听过爱因斯坦小提琴演奏的人，都对他精湛的演奏技巧留下了深刻的印象。即使在德国这个音乐的王国、贝多芬和巴赫的故乡，听过爱因斯坦演奏的音乐专家们也认为他的小提琴演奏是一流的。

爱因斯坦终生痴迷小提琴，直到他 70 岁以后，仍每天演奏。难道这只是一种偶然？这只不过是他的一种业余爱好？爱因斯坦自己曾经说过：音乐是他生命的一部分。

科学与音乐，同样都需要最丰富的想象力！人类历史上每一项伟大的科学发现，如哥白尼的地球转动学说、牛顿的万有引力、达尔文的物种进化论等，它们所蕴藏的想象力都是那样惊人，地球上也许唯有伟大的音乐作品中所蕴藏的想象力可以与之相比。

科学与音乐，同时成为了爱因斯坦生活中不可或缺的部分。在思维的领域中，这两者是完全可以相互影响、相互作用于对方的。

也许爱因斯坦正是借助于音乐的神奇力量，使他在进行艰巨的科学思索时，想象力能够永远保持在飞翔的最佳状态，能够永远使他的思维活动保持最大的张力。

普林斯顿大学校区梅塞街 112 号小楼，即爱因斯坦在美国普林斯顿的住宅，邻居们在回忆爱因斯坦时，有一个有趣的说法：每当听见小楼里传出了琴声，他们就知道那个怪老头又在构想他的相对论了。

小提琴绝不仅仅是爱因斯坦的业余爱好，是他工作疲倦时的一种消遣，而且还是他在进行创造性思维时不可缺少的伴侣。不仅仅是在爱因斯坦身上体现了科学与音乐相辅相成的作用，而且在许多伟大的科学家身上也存在着这种现象。

经典力学的伟大奠基者牛顿，终生不渝地喜爱管风琴。

许多伟大的音乐家，本身就是优秀的科学家。不朽的《沙赫拉查德》的作曲家李姆斯基·柯萨科夫就是海军机械工程师。创作了优美的交响乐诗《中亚细亚草原》的鲍罗廷，也是著名的化学家和俄罗斯科学院院士。

如果真有一个上帝，在爱因斯坦发现相对论时曾经帮助了他，那么这个上帝就是音乐。

# 感受生活的乐趣

在柏林的头几年，爱因斯坦常常去看望堂叔鲁道夫·爱因斯坦。那时，鲁道夫和女儿艾尔莎住在柏林。艾尔莎与爱因斯坦自幼熟悉，他们小时候常在一起玩儿。艾尔莎比他大 3 岁，1876 年出生在德国巴符州的海亭根。

艾尔莎一家常到苏黎世走亲戚，爱因斯坦也常到海亭根去玩儿。艾尔莎和丈夫离婚后，就带着两个女儿住在柏林的父亲家中。也许少年时代的爱因斯坦和艾尔莎的感情就很亲密，所以在柏林重逢时，两个人走到一起是某种情感的延续。

爱因斯坦得病后，一直是艾尔莎照顾着他，也由于这场大病，两个在情感上都孤独的人有了结合的愿望。

艾尔莎是位持家的能手，这一点是米列娃无法相比的。

她在厨房里做饭，动作就像艺术家那样优美：这里放两块红的西红柿，那里添两片绿色的黄瓜。

在战争年代，她仍旧有本事做出一桌色香味俱佳的好菜来，让爱因斯坦得到不少温暖。

与米列娃相比，艾尔莎虽没有什么学问，也不懂理论物理学，但她深知爱因斯坦的秉性，也理解他的孤独性格，更何况有了一次婚姻变故的经历，能做爱因斯坦这位世界级科学巨人的妻子，她就满足了。

她只想在生活上无微不至地照顾爱因斯坦，其余的一切，她都不加理会。

1917 年 2 月，爱因斯坦连续发表了十多篇论文后，终于彻底病倒了，他原有的肝病又一次复发了。由于战时的物资非常贫乏，根本无

法保证每天营养的供给，即使是国际友人的援助不时地从瑞士寄来，也不能使得爱因斯坦的病情尽快好起来，于是朋友们极力地劝说爱因斯坦还是回到瑞士去养病吧，可是由于与米列娃的矛盾仍然没有解决，他并不愿意立即回到瑞士去。

病中的爱因斯坦，全靠艾尔莎的照顾。虽然当时食物缺乏，但艾尔莎的巧手总能变着花样给他做出一顿顿可口的饭菜来。

到了夏天的时候，爱因斯坦的病情一天天地好转了，只是他却发现，在生活上，他已无法离开艾尔莎的照顾了。

他们本是远亲，结合起来是没有问题的，他们从少年时代就在一起长大，又是互相了解的。既然与米列娃的感情已经消失，又何必勉强下去呢！

于是，在朋友们的提议和帮助下，这年的秋天，爱因斯坦与米列娃办理了离婚手续之后，正式搬到了哈贝兰大街，与艾尔莎一家人生活在一起了。

战争使人充满了失望，但新的家庭生活又使爱因斯坦的生活感到了从未有过的幸福感。

艾尔莎虽然没有学问，但她深深理解受到病魔折磨的爱因斯坦，并在生活上给予了他无微不至的照顾。

病人需要安静时，她就静静地陪伴在床边织毛衣。病人醒来时，她会为他端上一杯热茶，给他一个温柔的笑脸。

爱因斯坦的病渐渐康复了。他又可以回到自己心爱的书桌旁了。艾尔莎又重新为他布置了一个简单、整洁的书房，一个大书桌配上一把可以用来休息的安乐椅，四周的书柜里则摆满了各种各样的书。

一回到书桌旁，爱因斯坦又沉浸于自己的世界中去了，艾尔莎常常给他送上一杯热咖啡，等到去叫他吃午饭时，热咖啡只是变成了冷咖啡，杯子里的东西却一点儿也没有少，对此艾尔莎只能无可奈何地笑笑作罢了。

艾尔莎是个典型的贵族主妇，她温柔、优雅，家里的摆设她亲自动手，弄得一尘不染。由于爱因斯坦的名声越来越大，艾尔莎的大部分时间还得打发那些来拜访的客人，以便保证爱因斯坦能有一个安静的研究环境。

应该说，艾尔莎是一个优秀的家庭主妇，无论是家里家外，接人待物，都是让人无可挑剔的。

只是，一向生活马马虎虎惯了的爱因斯坦会经常弄出许多让人哭笑不得的事情来。一天，爱因斯坦出去拜访客人。艾尔莎特意在他的马甲袋里放了钱，并反复叮嘱他回来坐车，以免回来时累得气喘吁吁的，爱因斯坦满口答应着出门了。

可是，天已过了中午，我们的大科学家才慢慢地走进了门，一进门就高喊着：

"快给我倒杯水吧，可累死人了！"

"怎么，又是走回来的吗？"

艾尔莎赶忙问道。

"不走回来怎么办，我又没钱坐车。"

"什么，没钱，我不是在你的马甲里放了钱吗？"

"马甲袋，坏了，我翻遍了身上的口袋，也没发现有钱，怎么偏偏忘记了马甲上也有口袋呢？没有办法，我只好慢慢走回来了！"

艾尔莎对于这样经常发生的事情真是不知道怎么办好了。

"难道我得一直跟着你吗？阿尔伯特。"

可是事实证明，即使是在家里。艾尔莎也是无法约束爱因斯坦那随便的生活习惯的。

爱因斯坦在家里就像一个大孩子一样，喜欢光着脚在客厅里走来走去，即使是来了客人，他也经常忘记礼貌地穿上袜子，仍然光着脚穿上鞋，蓬乱的头发像是永远也拉不直似的，却还大摇大摆地坐在那里招待着客人。

艾尔莎对此很是尴尬，如果不知道的人，一定会以为家庭主妇没能尽到责任呢！

对于艾尔莎那责备的目光，爱因斯坦总会笑呵呵地叫道：

"没有关系的，大家都是好朋友，谁会在意这些呢？"

说完，还不忘幽默地耸耸肩，招来客人们的一阵捧腹大笑。

爱因斯坦也真心地喜欢着艾尔莎的两个女儿，在他休息的时候，两个孩子喜欢缠着他为她们拉上一首小提琴曲，虽然这个继父不苟言笑，也不喜欢跟她们说说笑笑，但他的琴声是真挚的，孩子们因此同他的心走得更近了。

时间久了，她们像亲生父亲一样喜欢他、对待他，同母亲一起，对爱因斯坦的生活给予了无微不至的关怀。

尽管如此，爱因斯坦却始终没能改变他生活上的马马虎虎的习惯。

有一段时间里，一家人饭后总是习惯于做一个游戏。

"爸爸，咱们今天晚饭吃的是什么菜啊？"

小女儿问道。

"这个……"

大女儿见爱因斯坦回答不上来，就在一旁不停地做着手势。

"什么，圆圆的是什么啊？"

爱因斯坦在大女儿的提示下仍然不得要领。

一家人饭后的生活快乐无比。

艾尔莎给了爱因斯坦一个温馨而干净的家，尽管他还不能适应这一切，但是生活上他是无忧无虑的，而且，走进了书房，爱因斯坦就在自己阁楼式的工作间里写作、阅读，而更多的时候在思考，偶尔把头垂向右边，把一缕白发绕在手指上。爱因斯坦还不时从放在他面前那三只填满烟草的烟斗中拿出一只叼在嘴里。他的脸色苍白，眼角布满皱纹。

爱因斯坦穿着极其简朴。他常穿咖啡色皮上衣，这是艾尔莎的旧礼物。天冷时加一件灰色的英国羊毛衫，这也是艾尔莎的礼物，并且也是很旧了。

　　爱因斯坦穿一套旧式的黑色西服出席宴会，只有在特殊场合，由于全家人的一致要求，他才穿晚礼服。

　　战争使得爱因斯坦陷入了深深的痛苦之中，可是新的家庭又使他鼓起了生活的信心。

　　1929 年 3 月 4 日即将来临，这是爱因斯坦的 50 岁大寿，朋友们都在筹划怎样为寿翁祝寿，以消除多年来他在柏林的压抑与苦闷。

　　可是爱因斯坦一想到那种闹哄哄的庆祝活动，心里就发愁。熟朋友还好办，打个招呼，道个歉，他们肯定会理解。最难办的是记者和名人仰慕者，他们无孔不入，又花样百出，叫人不得安宁。

　　他必须寻找一个地方，别人都找不到的地方，于是他找到了哈韦尔湖乡间一个花匠的朴素农舍。

　　为了免去一切风险，他在生日前几天就来到这里。什么佣人都没有，自己做饭。只有他最亲近的人才知道通往花匠农舍的道路。这使他很快活，他一点儿也不管这一天全世界的报纸都发表有关他的文章，也不管这一天公众正在向他表示敬意！致敬电从全世界的各个角落雪片般飞来，电报的数量之多要用洗衣店的大筐盛送。

　　邮局的营业员规劝他们的顾客：致敬本可以毫不困难地节俭些。大批礼物和成筐的电报一起涌来。这里有奢华的礼品，有异国的珍奇和怪异的物件，既有富豪们的馈赠，也有穷人的奉献。

　　爱因斯坦家里的人请一些朋友帮助打开那些包裹，只要一个礼品刚从盒子里露出来，艾尔莎立即匆忙去查看另外一个。"无论怎样，我一定要告诉他收到了什么。"她不断重复着这句话。混乱侵犯了他们的住所。

　　那天早晨，艾尔莎被电话铃吵醒了。

　　"你叫我吗，阿尔伯特？多妙啊。"她知道在爱因斯坦住的地方并没有电话。

　　"有一件重要的事，"爱因斯坦说，"在我给我的助手的计算中有一个错误。"他恳请她去看一看，立刻改正那个错误。

"但是，我告诉你，阿尔伯特……"艾尔莎打断他，她感到在电话另一边的他已变得不耐烦了。"你知道今天是什么日子吗?"妻子终于问道。

他不知道，他忘记他逃避的事情了。当妻子使他重新记起这件事时，他发出一阵笑声。"对生日太小题大做了，但别忘记我告诉你的事。"他放下电话筒。

下午，艾尔莎来到他的住所时，胳膊上挎满了礼品。他惊奇地看着她，再次忘记了早上的谈话。艾尔莎也惊奇地看着他，他穿着被她早已收藏得最严实的旧衣服。

当艾尔莎告诉他，一个失业的男子省下几个镍币，给这位伟人送了一小盒烟草时，爱因斯坦深受感动。这种无名的挚爱的表示使他非常快乐。第一个收到他致谢回信的就是这个失业工人。

爱因斯坦的一家之规是一条经济规律，他讨厌数不清的宴会。作为少有的例外，他只接受与五六个人共同进餐的邀请。一旦他觉察某个邀请是借口时，他就会不留情面地表现出来。

在冬日的一天，爱因斯坦去看望瓦朗坦，发现门厅里挂满了大衣。他自言自语道："他跟我说是一次私人的便饭啊!"他边说边打算悄悄往回走。艾尔莎费了很大劲才在楼梯上抓住他，嘴里还喊着："那里其实只挂着四五件大衣呀!"

# 坦然面对一切

爱因斯坦出名后，各式各样的社交宴会最让他为之头痛。在上流社会的社交场合，出席的都是名流和名流夫人。人人彬彬有礼，说话温文尔雅，衣着大方得体。从政治学到哲学，从哲学到科学，他们都会谈一点，可实际上什么都不知道。

在这种场合，附庸风雅地向先生们微笑致意，向夫人们说两句情趣隽永的俏皮话，都让爱因斯坦头皮发麻。他嗯嗯地随口答应，和蔼可亲地面对一切提问，但就是心不在焉。

1933 年 10 月 7 日，爱因斯坦从英国登上一艘去往美国的轮船，爱因斯坦自己也没想到，他这是在与欧洲诀别。朗之万预言家般地说了一句后来被验证的话：

> 这是一件大事。它的重要性就如同梵蒂冈从罗马搬到新大陆一样，当代物理学之父迁到了美国，现在美国成为世界物理学的中心了。

古老的欧洲在法西斯主义阴影下，连科学界都黯然失色了。罗斯福的"新政"为美国带来了希望，也成为欧洲反法西斯的大后方。

留在美国，对爱因斯坦来说，是最后的选择。他来到普林斯顿，这个偏僻的小城和一个伟大的名字联系在一起，立刻成了举世闻名的科学圣地。在普林斯顿小城，爱因斯坦留下了数不清的逸闻趣事。

爱因斯坦晚年住在美国普林斯顿一所简朴的木板房子里。邻居有个十一二岁的小女孩，放学后，时常来看望这位白发苍苍的科学家。

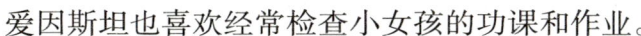

爱因斯坦也喜欢经常检查小女孩的功课和作业。

有一次，小女孩拉着爱因斯坦的手亲昵地问："爱因斯坦爷爷，这道题怎么做？"

爱因斯坦和蔼地说："孩子，要学会思考，不要一碰到困难就向别人伸手。"

有时，爱因斯坦对小女孩稍加启发地说："我给你指个方向，不过，答案还得用你的头脑去找！"

她妈妈发现后，把孩子狠狠训了一顿，说："你怎么能浪费爱因斯坦的宝贵时间呢？"她带着孩子去向爱因斯坦道歉。

爱因斯坦笑着说："噢，不用道歉。每次她带甜饼来给我吃，我呢，帮她做算术题。我从她那儿学到的东西，恐怕比她从我这儿学到的东西还多呢！"

有一次，美国一家医院要聘请一位"X"线专家。一个犹太难民来求爱因斯坦帮忙，爱因斯坦立即写了一封推荐信。

过了几天，又来了一个从希特勒铁蹄下逃出来的犹太人，请求帮忙，他又写了一封推荐信。

这样，他给 10 个犹太人写了 10 封推荐信，让他们去争夺同一个职位，让大家哭笑不得。

后来，这样的推荐信写得实在太多了，以致拿推荐信去求职的人还没开口，人家就说，行了，行了，收起介绍信吧，这里求职的人每人都有这样一封介绍信。

刚到普林斯顿不久，心不在焉的爱因斯坦忘了自己的住所在哪里。他给普林斯顿大学研究院院长办公室打电话。

秘书拿起听筒，听到德国口音很重的英语："我能不能和院长讲话呀？"

秘书回答说："很抱歉，院长出去了。"

"那么，也许，嗯……你能告诉我，爱因斯坦博士住在什么地方吗？"

当时有规定，绝对不准干扰爱因斯坦的研究工作，连罗斯福邀请爱因斯坦到白宫去做客，都要事先征得院长的同意。因此，秘书很客气地拒绝回答爱因斯坦住在什么地方。

这时，电话听筒里的声音变低了，低得几乎听不见："请你别对人讲，我就是爱因斯坦博士。我要回家去，可是，忘了家在哪里了。"

# 对生命的深刻感知

爱因斯坦生来爱孤独。年幼的时候，别的孩子在院子里玩耍，他却很少参加游戏。

在中学里他是个受漠视的孤苦伶仃的人。他常常说自己总是生活在寂寞之中，是一个孤独之人。

到普林斯顿后不久，爱因斯坦就写信给比利时王后，抒发自己内心的苦闷："我把自己锁闭在毫无希望的科学问题中，我老了，自从我到此地与社会隔绝以后，更是如此。"

爱因斯坦对这个地方做了这样的描述："普林斯顿是一个奇妙的小地方，一个古怪的、专讲客套的村庄，里面住的都是些趾高气扬的小神仙。不过，由于摆脱了某些社会习俗，我得为自己创造适于研究、不受干扰的气氛。"

在夏季过去之后，优雅的普林斯顿再一次染上温室般的学术气氛。

1937 年 6 月，爱因斯坦在一封信里写道："我现在像个老光棍似的，住在绿荫丛中的一间漂亮的小房子里，还是以昔日的喜悦努力钻研问题。"

在德国的时候，他也不时地入住在一个乡村别墅里，过上几个星期，自己做饭，就像过去的隐士那样。1929 年他在给贝索的信中描述过这种生活。

总之，"孤独地生活在乡下"，这句话对于爱因斯坦确实是一个生动的写照。

在普林斯顿，爱因斯坦似乎愿用全部时间来保障对统一场论问题的"孤独"思考，但他的思考又常被人们打断。许多人期待爱因斯坦的忠告、帮助、演说。在大多数情况下，他们既得到忠告，又得到帮助，还听到演说，这就使得情况变得复杂起来。

一个向往孤独的人在同大量的人打交道，这在全世界科学家中是绝无仅有的。这种局面不仅同科学家的外部环境有关，而且同他世界观的内在基础是联系在一起的。

有一次，爱因斯坦在伦敦演讲，当时那里正在讨论德国移民科学家的命运。他建议说，看守灯塔的职务对科学家来说是最合适的职位。要是旁人提出这种语惊四座的建议大概是极不妥当的，但大家明白，他在说自己。他认为，孤单一人在灯塔上有助于研究思考，这表达了他早年的梦想。

爱因斯坦想去看守灯塔，也是为了逃避访问和邀请，这些访问和邀请使他失去了工作时间。他对人们的爱并不带有抽象的性质，爱因斯坦不属于那种虽对人类命运感兴趣，而对日常生活中碰到的具体的个人命运漠不关心的思想家。

但是，他的内心并不是充满了日常生活，占据他思想的也不是这种对无数有求于他的人们的经常关心。他的思想聚集在超日常的东西上，并且总是每时每刻都在思考着工作。

爱因斯坦在《我的世界观》一书中，开门见山地说明了自己对人们的态度。他讲到对社会正义的强烈兴趣和对孤独的向往之间的矛盾：

兴趣和社会责任感与我对接近人们和社会团体所抱有的成见发生了矛盾。我向来是一匹拉单套轻车的马，我也不曾全心全意地献身给自己的地区、国家、朋友、亲人和家庭。所有这些关系引起我对孤独的向往，而且想摆脱这些关系并与外界隔绝的意向与日俱增。我敏锐地感觉到缺少理解和同情，这是由于孤独造成的，同时我也感觉到能和未来和谐地结合在一起。一个具有这种性格的人会部分地丧失热情和同情心。

到普林斯顿后不久，艾尔莎的大女儿在巴黎去世。艾尔莎把女儿的骨灰带回了普林斯顿。自从大女儿死后，艾尔莎一下子变得老态龙钟，二女儿玛戈尔陪着她。不久，艾尔莎的眼睛又出现了疾病。

艾尔莎终于病了，这是心肾严重疾患的症状，她卧床不起。玛戈尔曾经离开家几天去了一趟纽约，回来之后竟然发现自己的母亲完全变样了。爱因斯坦非常沮丧，本来苍白的脸色更加苍白，眼神充满无限哀伤，他对玛戈尔说："你离家这几天，她差一点儿就离我们去了。"

艾尔莎的病情越来越糟，爱因斯坦整日陪着她。艾尔莎感到很欣慰，她对好友说："我从来都没有想到我对于他是这样的珍贵，我感到快乐并为此而幸福着。"

但是后来，艾尔莎的病情急转直下。1936年12月20日，她撒手人寰。

爱因斯坦又继续过着像从前那样的生活。他常在普林斯顿红砖房之间的林荫道上散步，这些房子使人想起古老的英国。他坐在自己的办公室里，研究统一场论的数学问题。

爱因斯坦在20世纪30年代初已丧失了早年生活的乐趣，在艾尔莎死后，他更加无法摆脱孤独感和忧伤感。

这种感情在20世纪40年代更加剧了，爱因斯坦在回复朋友们祝贺他70岁生日的贺信的时候，充满了这种感情。当时，他做了胃部大手术后刚康复。幸好，手术没有引起并发症，但是他长期都很虚弱。

爱因斯坦的身体状况并不影响他一贯的幽默、诚恳和对周围事物的兴趣，更没有妨碍他全力以赴地研究统一场论的具体问题。但总的来说，他的情绪是低落的。

1955 年 4 月 13 日，爱因斯坦的右脸部感到阵阵剧痛，还出现了别的症状。医生们诊断是主动脉瘤，并建议他动手术。他拒绝了。他知道，自己应该走了。自从 1917 年那场大病以来，他一直有胃痉挛、头晕恶心和呕吐的症状。

1945 年和 1948 年，爱因斯坦接连做了两次手术，发现主动脉上有瘤，这是一个致命的定时炸弹。他知道，现在这个定时炸弹要爆炸了。第二天，心脏外科专家格兰医生从纽约赶来。尽管病人很虚弱，但格兰还是建议开刀，这是唯一的抢救方法。爱因斯坦苍老的脸上现出一丝疲倦的微笑，摇摇头说："不用了。"

几年前医生就告诫他那个主动脉瘤可能随时破裂，爱因斯坦总是笑着说："那就让它破裂去吧！"

4 月 16 日，爱因斯坦病情恶化。杜卡斯又匆匆请来医生。

医生让他立即住院，可他只管摇头，怎么也不肯住院。医生了解爱因斯坦，说："我看他也要病了。"

爱因斯坦看了一眼杜卡斯，这个忠实的助手，从 1928 年爱因斯坦生病以来，一直跟着他。先是一直当他的秘书，后来又兼当管家，现在又兼当护士。他确实疲惫不堪，快顶不住了。爱因斯坦点了一下头。

爱因斯坦终于住进了普林斯顿的那家小小的医院。一到医院，他就让人把他的老花镜、钢笔、一封没写完的信和一篇没有做完的计算全部送来。生命垂危的爱因斯坦在病床上欠了欠身子，戴上老花镜，想从床头柜上抓起笔，可是手还未抬起，他又倒了下去。布满皱纹的额头上冒出一层汗珠，那支用了几十年的钢笔从手里滑下来落到地上。

"上帝"不允许他再工作了。也许，他做得实在太多了。

4月17日，爱因斯坦自我感觉稍好一些。儿子汉斯坐飞机从加利福尼亚赶来了。女儿玛戈尔也因病住在同一所医院里，她坐着轮椅来到他的床前。爱因斯坦微笑着对儿女们说："没什么。这里的事情，我已经做完了。"

对所有来看他的朋友、同事们，爱因斯坦都静静地说着同一句话："别难过，人总有一天要死的。"

爱因斯坦提前立下遗嘱：

> 我死后，切切不可把梅塞街112号变成人们"朝圣"的纪念馆。我在高等研究所的办公室，要让给别人使用。除我的科学理想和社会理想，我的一切都将随我一起死去。

晚上，爱因斯坦让杜卡斯回去休息。夜里1时刚过，助理护士发现爱因斯坦呼吸困难。她想请医生来，刚走到房门口，听到爱因斯坦用德语说了几句话。护士听不懂，连忙折回病床前。就在这一瞬间，1955年4月18日1时25分，爱因斯坦与世长辞。解剖发现是腹腔主动脉溢血。

巨星陨落了。

两个多世纪以前，科学巨人牛顿的逝世，引起了英国和欧洲的一片悲恸。

此时，电讯传遍地球每一个角落："当代伟大的物理学家爱因斯坦逝世，终年76岁。"

全世界的人民为之悲痛。唁电和唁函，从世界的每一个角落飞往普林斯顿。它们来自学术团体，也来自国家元首和政府首脑，来自著名的科学家，也来自普通的男男女女。

爱因斯坦的遗嘱早已闻名。他要求不举行宗教仪式，也不举行任何官方仪式。

　　按照他的愿望，连下葬的时间和地点，除护送他的遗体去火葬场的少数几位最亲近的好朋友外一概不通知。

　　爱因斯坦的骨灰撒在空中，和宇宙、和人类融为一体。

　　早在1917年，爱因斯坦大病的时候，就坦然地对朋友说过：

　　　　不，我同所有活着的人都是融为一体的，所以，在这无穷无尽的人流中个别的成员开始了和终结了，我觉得都是无关宏旨。生命，这是一出激动人心的出演和辉煌壮观的戏剧。

　　　　我喜欢生命。但如果我知道过三个小时我就要死了，这不会对我产生多大的影响。我只会想，怎样更好地利用剩下的三个小时。然后我会收拾好自己的纸张，静静地躺下、死去。

# 附　录

不管时代的潮流和社会的风尚怎样，人总可以凭着自己高贵的品质，超脱时代和社会，走自己正确的道路。

—— 爱因斯坦

# 经典故事

## 要学会独立思考

爱因斯坦在少年时候是个爱思考问题的孩子。他在 14 岁时，能够自学几何和微积分，在自学中一旦遇到困难，总是细心琢磨，反复思考，直到实在算不出来时才向别人请教："给我指个方向吧!"

但是，不等人家开口，爱因斯坦就提出要求说："不要把答案全部告诉我，留着让我思考!"

后来，爱因斯坦成为了一位杰出的科学家。当人们赞誉他对人类作出巨大贡献时，他笑着说："学习知识要善于思考，思考，再思考。我就是靠这个方法成为科学家的。"

## 自己是自己的镜子

爱因斯坦 16 岁那年，由于整日同一群调皮贪玩的孩子在一起，致使自己几门功课不及格。

一个周末的早上，爱因斯坦正拿着钓鱼竿准备和那群孩子一起去钓鱼。这时，父亲拦住了他，心平气和地对他说："爱因斯坦，你整日贪玩且功课不及格，我和你的母亲很为你的前途担忧。"

"有什么可担忧的，杰克和罗伯特他们也没及格，不照样去钓鱼吗?"

"孩子，话可不能这样说，"父亲充满关爱地望着爱因斯坦说，

"在我们故乡流传着这样一个寓言，我希望你能认真地听一听。

"说有两只猫在屋顶上玩耍。一不小心，一只猫抱着另一只猫掉到了烟囱里。

"当两只猫从烟囱里爬出来时，一只猫的脸上沾满了烟黑，而另一只猫的脸上却干干净净。干净的猫看见满脸黑灰的猫，以为自己的脸也又脏又丑，便快步跑到河边洗了脸。而黑脸猫看见干净的猫，以为自己的脸也是干净的，就大摇大摆地到街上闲逛去了。结果，吓得其他的猫都四下躲避，以为见到了妖怪。

"爱因斯坦，谁也不能成为你的镜子，只有自己才是自己的镜子。拿别人做自己的镜子，天才也许会照成傻瓜。"

爱因斯坦听后，羞愧地放下鱼竿，回到了自己的小屋里。

从此，爱因斯坦时常用自己作为镜子来审视和映照自己，终于映照出了他人生的璀璨光芒。

## 不认为自己是天才

爱因斯坦从 1901～1955 年共发表专门性的科学研究论文大约 200 多篇，但他非常谦虚。

有一次，爱因斯坦的儿子问他："爸爸，你究竟为什么有名？"

爱因斯坦先是哈哈大笑，然后严肃地对儿子说："你看见没有，当盲目的甲壳虫在一个球面上爬行，它没有发现它爬过的路是弯的，而我有幸发现了这一点。"

爱因斯坦的科学成就使许多人称颂他为伟大的天才，可他一再向别人解释："有人称我为天才，可是我向你们发誓，我并没有这样认为。"

在一次集会上，有人对他加以过分的吹捧，使他很恼火，他当场就说："如果我相信了这些话是真诚的，那我该是一个疯子，因为我明明知道我不是一个疯子，所以我不相信。"

## 不为名望所累

爱因斯坦不为名望所累，不怕否定自己的错误。他说："像我们这样的工作需要注意两点，毫不疲倦的坚持和随时准备抛弃为之花费了许多时间和劳动的任何东西。"

爱因斯坦多次对朋友诚恳地表示过："如果逐渐增长的知识否定了他的论断，他一点儿也不感到难堪。"

1937 年，爱因斯坦得出了引力波不可能存在的结论，有人对此提出质疑。他得知后非常重视，经过仔细考虑和反复研究，他肯定了别人的意见，在以后的学术报告中，他当众改正了自己原来的结论。

## 成功的秘诀

有一次，一个美国记者问爱因斯坦关于他成功的秘诀。

爱因斯坦回答："早在 1901 年，我还是 22 岁的青年时，我已经发现了成功的公式。我可以把这公式的秘密告诉你，那就是 $A = X + Y + Z$！A 就是成功，X 就是努力工作，Y 是懂得休息，Z 是少说废话！这公式对我有用，我想对许多人也一样有用。"

# 年　谱

1879 年 3 月 14 日 11 时 30 分，爱因斯坦出生在德国乌尔姆市班霍夫街 135 号。父母都是犹太人。父亲名叫赫尔曼·爱因斯坦，母亲叫波琳·科克。

1884 年，爱因斯坦开始对袖珍罗盘着迷。

1888 年，爱因斯坦入路易波尔德高级中学学习。

1891 年，自学欧几里得几何学，同时开始自学高等数学。

1900 年 8 月爱因斯坦毕业于苏黎世联邦工业大学；12 月完成论文《由毛细管现象得到的推论》，次年发表在莱比锡《物理学杂志》上。

1900 年 3 月 21 日，取得瑞士国籍。在这一年 5 月至 7 月完成电势差的热力学理论的论文。

1905 年 3 月，发表量子论，提出光量子假说，解决了光电效应问题。4 月，向苏黎世大学提出论文《分子大小的新测定法》，取得博士学位。5 月，完成论文《论动体的电动力学》，独立而完整地提出狭义相对性原理，开创物理学的新纪元。

1906 年 4 月，晋升为专利局二级技术员。11 月完成固体比热的论文，这是关于固体的量子论的第一篇论文。

1908 年 10 月，兼任伯尔尼大学编外讲师。

1909 年 10 月，离开伯尔尼专利局，任苏黎世大学理论物理学副教授。

1910 年 10 月，完成关于临界乳光的论文。

1912 年提出"光化当量"定律。

1913 年返回德国，任柏林威廉皇家物理研究所所长和柏林洪堡大学教授，并当选为普鲁士科学院院士。

1914 年 4 月，接受德国科学界的邀请，迁居到柏林，8 月，即爆发了第一次世界大战，他却坚决地表明了自己的反战态度。

1914 年 10 月，他毅然在反战的《告欧洲人书》上签上自己的名字，这一举动震惊了全世界。

1915 年 11 月，提出广义相对论引力方程的完整形式，并成功地解释水星近日点运动。

1916 年 3 月，完成总结性论文《广义相对论的基础》。5 月，提出宇宙空间有限无界的假说。8 月，完成《关于辐射的量子理论》，总结量子论的发展，提出受激辐射理论。

1917 年，列宁领导的苏联社会主义革命胜利后，爱因斯坦热情地支持这个伟大的革命，赞扬这是一次对全世界将有决定性意义的、伟大的社会实验。

1922 年 1 月，完成关于统一场论的第一篇论文。7 月受到被谋杀的威胁，暂离柏林。10 月 8 日，爱因斯坦和艾尔莎在马赛乘轮船赴日本。沿途访问科伦坡、新加坡、中国香港和上海。11 月 9 日，在去日本途中，爱因斯坦因对光电效应作出解释而被授予 1921 年"诺贝尔物理学奖"。

1923 年 7 月，到哥德堡接受 1921 年度诺贝尔奖金。12 月，第一次推测量子效应可能来自过度约束的广义相对论场方程。

1924 年，发现了"波色—爱因斯坦凝聚"。

1925 ~ 1955 年这 30 年中，爱因斯坦除了关于量子力学的完备性问题、引力波以及广义相对论的运动问题以外，他几乎把全部精力都用于统一场论的探索。

1926 年，被选为苏联科学院院士。

1928 年以后转入纯数学的探索。他尝试着用各种方法，但都没有取得具有真正物理意义的结果。

1932 年 7 月，同弗洛伊德通信，讨论战争的心理问题；号召德国人民起来保卫魏玛共和国，全力反对法西斯。

1935 年 5 月，在百慕大正式申请永久在美国居住。当年，为使诺贝尔和平奖赠与被关在纳粹集中营中的奥西茨基而四处奔走。

1937 年，在两个助手合作下，他从广义相对论的引力场方程推导出运动方程，进一步揭示了空间、时间、物质、运动之间的统一性，这是广义相对论的重大发展，也是爱因斯坦在科学创造活动中所取得的最后一个重大成果。

1938 年 9 月，给 5000 年后的子孙写信，对资本主义社会现状表示不满。

1939 年 8 月 2 日，上书罗斯福总统，建议美国抓紧原子能研究，防止德国抢先掌握原子弹。

1940 年 10 月 1 日取得美国国籍。

1947 年，爱因斯坦继续发表大量关于把联合国改为世界政府的言论。

1950 年 2 月 13 日，发表电视演讲，反对美国制造氢弹。3 月 18 日，在遗嘱上签字盖章。

1951 年，连续发表文章和信件，指出美国的扩军备战政策是世界和平的严重障碍。

1952 年 11 月，以色列第一任总统魏茨曼死后，以色列政府请他担任第二任总统，被拒绝。

1955 年，爱因斯坦与罗素联名发表了反对核战争和呼吁世界和平的《罗素—爱因斯坦宣言》。

1955 年 4 月 18 日 1 时 25 分，爱因斯坦在医院逝世。终年 76 岁。

# 名　言

● 成功＝努力工作＋懂得休息＋少谈空话。

● 学习知识要善于思考，思考，再思考。

● 独立思考和独立判断的一般能力，应当始终放在首位。

● 人只有献身于社会，才能找出那实际上是短暂而有风险的生命的意义。

● 人生的价值，应当看他贡献什么，而不应该看他取得什么。

● 只要你有一件合理的事去做，你的生活就会显得特别美好。

● 在所阅读的书本中找出可以把自己引到深处的东西，把其他一切通通抛掉，就是抛掉使头脑负担过重和会把自己诱离要点的一切。

● 学校的目标应当是培养有独立行动和独立思考的个人，不过他们要把为社会服务看作是自己人生的最高目标。

● 心理上产生唯我独尊的态度，这无论对个人对社会都是有害的。

● 世间最好的东西，莫过于有几个头脑和心地都很正直的严正的朋友。

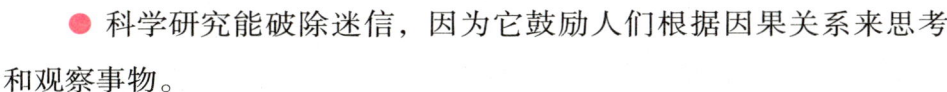
● 科学研究能破除迷信，因为它鼓励人们根据因果关系来思考和观察事物。

● 感情和愿望是人类一切努力和创造的背后动力。

● 只有热爱才是最好的教师。

● 想象力比知识更重要，因为知识是有限的，而想象力概括着世界上的一切，推动着进步，并且是知识进化的源泉。严格地说，想象力是科学研究中的实在因素。

● 科学绝不是也永远不会是一本写完了的书。每一项重大成就都会带来新的问题。任何一个发展随着时间的推移都会出现新的严重的困难。

● 凡在小事上对真理持轻率态度的人，在大事上也是不可信任的。

● 在天才和勤奋两者之间，我毫不迟疑地选择勤奋，她是几乎世界上一切成就的催产婆。

● 科学研究基于同一法则，即一切事物的产生取决于自然规律，这也适用于人们的行动。

● 每个人都有一定的理想，这种理想决定着他的努力和判断的方向。就在这个意义上，我从来不把安逸和快乐看作生活目的的本身——这种伦理基础，我叫它猪栏的理想。

● 我从来不记在词典上已经印有的东西。我的记忆力是用来记忆书本上还没有的东西的。

● 用一个大圆圈代表我所学到的知识，但是圆圈之外是那么多空白，对我来说就意味着无知。而且圆圈越大，它的圆周长就越长，它与外界空白的接触面也就越大。由此可见，我感到不懂的地方还大得很呢。

● 不是我聪明，只是我和问题周旋得比较久。

● 重要的是，不要停止质疑。

● 一个人只有以他全部的力量和精神致力于某一事业时，才能成为一个真正的大师。因此，只有全力以赴才能精通。

● 人生中有时候一个人为不花钱得到的东西付出的代价最高。

● 只有爱才是最好的教师，它远远超过责任感。

● 我确实相信：在我们的教育中，往往只是为着实用和实际的目的，过分强调单纯智育的态度，已经直接导致对伦理教育的损害。

● 现实即幻象，只是非常稳定罢了。

● 我们不能用制造问题的方法去解决问题。

● 要成为羊群中优秀的一员，你就必须先成为一只羊。

● 不是所有有价值的都能被计算，不是所有能计算的都有价值。

● 关于这个世界最难以理解的就是它是可以被理解的。

● 人是为别人而生存的——首先是为那样一些人，他们的喜悦和健康关系着我们自己全部的幸福，然而是为许多我们所不认识的人，他们的命运通过同情的纽带同我们密切结合在一起。我每天上百次地提醒自己，我的精神生活和物质生活都依靠着别人（包括活着的和死去的）的劳动，我必须尽力以同样的分量来报偿我所领受了的和至今还在领受着的东西。我强烈地向往着俭朴的生活，并且常为发觉自己占有了同胞过多的劳动而难以忍受。

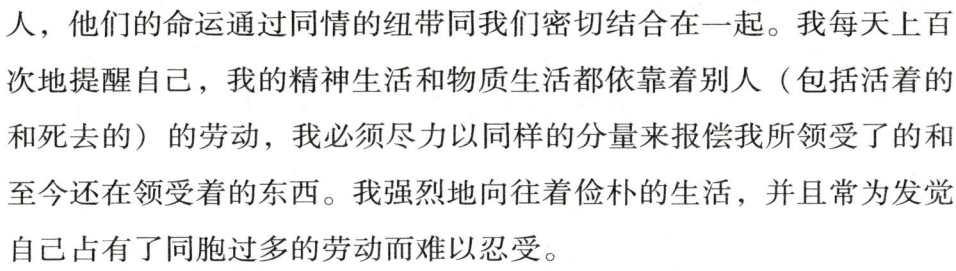

● 一个人在科学探索的道路上走过弯路犯过错误并不是坏事，更不是什么耻辱，要在实践中勇于承认和改正错误。

● 一个人的真正价值首先决定于他在什么程度上和什么意义上从自我解放出来。

● 思维世界的发展，在某种意义上说就是对惊奇的不断摆脱。

● 情感和愿望是人类一切努力和创造背后的动力，不管呈现在我们面前的这种努力和创造外表上是多么高超。

● 我从来不把安逸和享乐看作是生活目的本身。

● 生命会给你所要的东西，只要不断地向它要，只要在要的时候讲得清楚。

● 不犯错误的人不会尝试新事物。

● 我评定一个人的真正价值只有一个标准，即看他在多大程度上摆脱了自我，他摆脱了自我又是为什么。

● 只有为他人而生活的生命才是值得的。

● 照亮我的道路，并且不断地给我新的勇气去愉快地正视生活的理想，是善、美和真。

● 不要努力成为一个成功者，要努力成为一个有价值的人。

● 提出一个问题往往比解决一个更重要。因为解决问题也许仅是一个数学上或实验上的技能而已，而提出新的问题，却需要有创造性的想象力，而且标志着科学的真正进步。

● 我要做的只是以我微薄的绵力来为真理和正义服务。

● 我没有什么特别才能，不过喜欢寻根刨底地追究问题罢了。

● 我生平喜欢步行，运动给我带来了无穷的乐趣。

● 我们所能经历的最美好的事情是神秘，它是所有真正的艺术和科学的源泉。

● 科学家必须在庞杂的经验事实中抓住某些可用精密公式来表示的普遍特征，由此探求自然界的普遍原理。

● 你要知道科学方法的实质，不要去听一个科学家对你说些什么，而要仔细看他在做些什么。

● 在科学思维中常常伴着诗的因素，真正的科学和真正的音乐要求同样的想象过程。

● 一个人对社会的价值首先取决于他的感情、思想和行动对增进人类利益有多大作用。

● 要是没有独立思考和独立判断的有创造能力的个人，社会的向上发展就不可想象。

● 只要你有一件合理的事去做，你的生活就会显得特别美好。

● 自命不凡的学者总会把事物变得臃肿、复杂和有破坏性，而在相反的方向上努力是需要不凡的天赋和极大的勇气的。

● 在我审视我自己和我的思考方式时，我的结论是：在吸收有益的知识方面，奇思玄想的天赋对我而言，比我的才干更重要。

● 你必须去学习游戏规则。然后，你还要比别人玩得更好。

● 最重要的是不要停止问问题。好奇心的存在，自有它的道理。

● 苦和甜来自自己和外界，而坚强则来自内心，来自一个人坚持不懈的努力！

● 我们把教育定义如下：人的智慧决不会偏离目标。所谓教育，是忘却了在校学的全部内容之后剩下的本领。

**图书在版编目（CIP）数据**

爱因斯坦／刘明山编著. —北京：中国社会出版社，2012.9
（2022.6 重印）
（世界名人非常之路）
ISBN 978－7－5087－4148－2

Ⅰ. ①爱… Ⅱ. ①刘… Ⅲ. ①爱因斯坦，A.（1879～1955）–
生平事迹 Ⅳ. K837.126.11

中国版本图书馆 CIP 数据核字（2012）第 201170 号

| | | | |
|---|---|---|---|
| 出 版 人：浦善新 | | 策划编辑：侯　钰 | |
| 责任编辑：侯　钰 | | 封面设计：张　莉 | |

出版发行：中国社会出版社　　　　　地　　　址：北京市西城区二龙路甲 33 号
邮政编码：100032　　　　　　　　　编 辑 部：(010)58124867
网　　址：shcbs. mca. gov. cn　　　发 行 部：(010)58124866
经　　销：各地新华书店

印刷装订：北京华创印务有限公司　　开　　本：170mm×240mm 1/16
印　　张：13　　　　　　　　　　　字　　数：200 千字
版　　次：2012 年 9 月第 1 版　　　 印　　次：2022 年 6 月第 4 次印刷
定　　价：49.80 元

中国社会出版社微信公众号

中国社会出版社天猫旗舰店